Deutz

DAS WILDBRET

Stocker

Armin & Uschi Deutz

Das Wildbret

Vom Aufbrechen bis zur Zubereitung

2. Auflage

Leopold Stocker Verlag
Graz – Stuttgart

Umschlaggestaltung:	Digitalstudio Rypka
Umschlagfotos:	Werner Nagel, Helmut Ctverak, Armin Deutz
Fotos im Textteil:	Helmut Ctverak Seite 26, Franz Hlebaina Seite 52, Marcus Auer Seite 99; alle weiteren Fotos wurden von den Autoren zur Verfügung gestellt.

Bibliografische Information der Deutschen Bibliothek
Die Deutsche Bibliothek verzeichnet diese Publikation in der Nationalbibliografie; detaillierte bibliografische Daten sind im Internet über http: //dnb.ddb.de abrufbar.

Hinweis:
Dieses Buch wurde auf chlorfrei gebleichtem Papier gedruckt.
Die zum Schutz vor Verschmutzung verwendete Einschweißfolie ist aus Polyethylen chlor- und schwefelfrei hergestellt. Diese umweltfreundliche Folie verhält sich grundwasserneutral, ist voll recyclingfähig und verbrennt in Müllverbrennungsanlagen völlig ungiftig.

ISBN 978-3-7020-1083-6

Layout: Reproteam, Jauerburggasse 25, Graz
Gesamtherstellung: Gorenjski tisk, Kranj-Slowenien

Inhaltsverzeichnis

Wildfleischgerichte

Innereien

Würste

Beilagen

Vorwort

Wildbret ist seit alters her als Lebensmittel hoch geschätzt, sogar zoologische Artnamen wie *Tetrastes bonasia* (bonasia = „gutes Fleisch“) für das Haselhuhn zeugen davon. Der Glaube an die Heilkraft von Wildfleisch (z.B. von Fuchsfleisch gegen Epilepsie) oder von Körperteilen von Wildtieren brachte beispielsweise den Alpensteinbock an den Rand der Ausrottung. Als Speisevorrat oder als Heilmittellieferant wurde Damwild bereits vor über 4000 Jahren in Kleinasien in Gattern gehalten. Später war Wildbret von zahlreichen Haar- und Federwildarten aus der höfischen, adeligen oder auch bischöflichen Küche nicht wegzudenken. Schon damals war aber bekannt, dass Wild aus Hetzjagden oder eingestellten Jagden qualitativ schlechter ist. Die dabei erlegten Stücke wurden daher dem Wildhändler übergeben oder im Volk verteilt.

Im Zeitalter der gestiegenen Ansprüche der Konsumenten, aber ebenso der schärferen gesetzlichen Bestimmungen und nicht zuletzt aufgrund fleischhygienischer Erkenntnisse haben sich die Anforderungen, die in der Behandlung von erlegtem Wildbret an die Jäger und Verarbeiter gestellt werden, erhöht. Jägerschaft und Verarbeiter müssen intensiv bemüht sein, dass das beste Produkt der Jagd in entsprechender Qualität zum Konsumenten gelangt. Bei zunehmender Konkurrenz am Wildfleischmarkt erringen Qualitätsparameter für Kaufentscheidungen einen immer höheren Stellenwert.

Bei einem zwar steigenden, aber noch geringen pro Kopf-Verbrauch von Wildbret erfreut es sich zunehmender Beliebtheit. Dieses Buch geht im ersten Teil auf die Eigenschaften von Wildfleisch und Begriffe wie Fleischreifung und Verderb ein, erläutert die wichtigen Aufgaben der Jäger in der Wildbrethygiene, gibt Anleitungen zum Selbstverarbeiten und bietet im zweiten Teil verschiedenste erprobte Rezepte von kurz Gegrilltem bis zu Wildschinken und -würsten. Abschließend wird auf Geschichtliches zum Wildbret, auf lebensmittelrelevante Wildkrankheiten sowie auf rechtliche Belange eingegangen.

Bedanken möchten wir Autoren uns bei Coloman Strohmeier und Max Hörmann, die uns immer mit praktischem Rat zur Seite standen und die uns wie auch Franz Hlebaina im Laufe der letzten Jahre einige Untersuchungen zur Wildbretqualität ermöglichten. Gedankt sei auch dem Verein „Grünes Kreuz“, der einen Versuch zur Wildbretqualität finanziell unterstützte. Weiters verdanken wir viele Anregungen zur Zubereitung von Wildbret dem Inhaber der Kalsdorfer Kochschule Willi Haider. Ebenso danken dürfen wir den vielen Testpersonen, hauptsächlich aus dem Familien- und Freundeskreis, die uns in den letzten Jahren ihren Gaumen für Versuchszwecke zur Verfügung stellten.

Möge dieses Buch einen kleinen Beitrag zur Wahrung oder nötigenfalls Steigerung der Wildbretqualität leisten, bei einigen die Angst vor der Zubereitung von Wildbret schmälern und damit diesem bekömmlichen und gesunden Lebensmittel zum weiteren lukullischen Durchbruch verhelfen.

Uschi und Armin Deutz

Lebensmittel Wildbret

Vom Steinzeitjäger zum Wildtiermanager

Wenn auch viele Vorfahren des heutigen Menschen eher Pflanzen- als Fleisch(fr)esser waren, ist die Evolution des Menschen eng mit den Themen „Jagd und Beutemachen" verbunden. Felsmalereien zeugen von religiösen Komponenten der Jagd, und frühe Kunstgegenstände zeigten ebenfalls jagdliche Motive. Heute sind wir nicht mehr vom Wildtier als Nahrungsquelle abhängig, Jagd ist aber dennoch notwendig, und das beste Produkt der Jagd ist lebensmittelgerecht behandeltes, schmackhaftes ***Wildbret****.*

Hirschjagd, steinzeitliche Felsmalerei aus Spanien

Jagd heute

Die Jagd steht heute zunehmend im Mittelpunkt öffentlicher Kritik. Mag daran auch Einiges im Selbstverständnis der Jäger und in der Ausübung der Jagd Schuld haben, so hat sich die Jagd verstärkt und kompetent mit Themen wie „Wildbret als Lebensmittel" sowie „Wildkrankheiten" und „Zoonosen" – das sind wechselweise zwischen Tieren und Menschen übertragbare Krankheiten – auseinander zu setzen. In diesen Bereichen werden die Aufgaben des gut ausgebildeten Jägers unverzichtbare Bestandteile des öffentlichen Gesundheitswesens, und viele jagdkritische Diskussionen könnten damit auf eine sachlichere Ebene gehoben werden. Zudem ist der Jäger „Produzent" von hochwertigen und schmackhaften Lebensmitteln, Wildbret ist „das beste Produkt der Jagd". Ob unsere Kinder auch noch annähernd so jagen dürfen, wie wir es erlernt haben, hängt stark von unserer Bereitschaft ab, der nichtjagenden Bevölkerung die Notwendigkeit der Jagd glaubhaft plausibel zu machen.

Jagdthemen aus Sicht der Jäger und Nichtjäger

- *Freude an der Jagd*
- *Jagdtrieb*
- *Naturerlebnis*
- *Hege*
- *Tradition und Brauchtum*
- *Jagdhundewesen*
- *Freude an Trophäe*
- *Wildbestandsregulierung*
- *Wildbret als Lebensmittel*
- *Lebensraumverbesserung*
- *Überwachung der Wildtiergesundheit*
- *Bindeglied zwischen Nichtjägern und Natur*

Wildstrecken

In Deutschland, Österreich und der Schweiz wurden im Jagdjahr 2003/04 die in der folgenden Tabelle angeführten Strecken an Hauptwildarten in freier Wildbahn erlegt. Dazu kommt noch Wildfleisch von in Gattern gehaltenen Wildtieren. Der Anteil an direkt vermarktetem Wild ist beträchtlich und zumindest in Österreich noch stetig im Steigen.

Jagdstrecken in Deutschland, Österreich und der Schweiz 2003 *(Jagdjahr 2003/04)*

Land	Rehwild	Rotwild	Schwarz-wild	Gamswild	Feldhasen	Fasane
Deutschland[1]	1.064.782	62.363	470.283	4.509	568.548	394.956
Österreich[2]	285.114	46.949	24.250	26.185	147.426	162.774
Schweiz[3]	42.898	7.075	4.417	16.457	2.639	125

Quellen: [1] http://www.Jagd-online, [2] http://www.ljv.at/service_stati.htm,
[3] http://www.umwelt-schweiz.ch/buwal/de/fachgebiete/fg_wild/dienstleistungen/jagdstatistik/

Direktvermarktung und Eigenverzehr zunehmend

Wild aus heimischen Revieren wird nicht zuletzt wegen der niedrigen Wildbretpreise zunehmend selbst verzehrt oder direkt vermarktet. In den letzten zwei Jahren stieg der Anteil von Eigenverzehr und Direktvermarktung beispielsweise in der Steiermark bei Rotwild von 37 % auf 53 %, bei Rehwild von 30 % auf 36 % und bei Gamswild von 32 % auf 38 %.

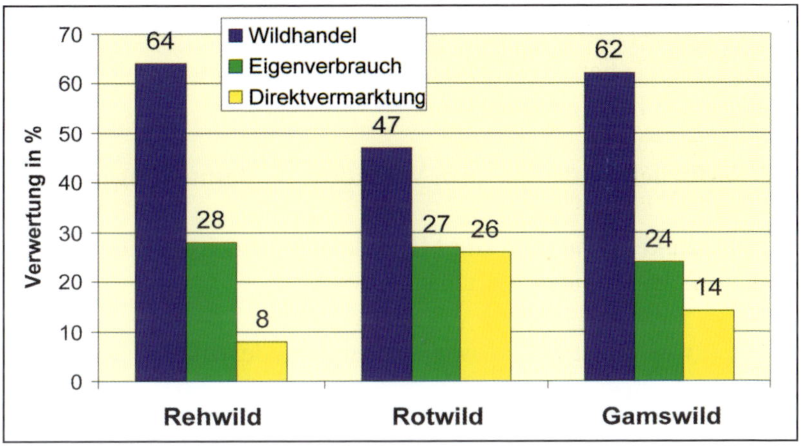

Verwertung von Wildbret in der Steiermark, Jagdjahr 2003/04

Die Direktvermarktung von Wildbret ist für den Jäger aber auch mit einer entsprechenden lebensmittelrechtlichen Verantwortung verknüpft. Nach der EU-Lebensmittelhygiene-Verordnung 178/2002 gelten Primärproduzenten, wie Landwirte (Fleisch, Milch, Eier usw.) und Jäger (Wildbret), ab 1. Jänner 2005 nicht mehr als Rohstofferzeuger bzw. -lieferanten, sondern als Lebensmittelerzeuger mit zusätzlichen rechtlichen Konsequenzen! Auf allen Stufen der Lebensmittelerzeugung ist dann eine Rückverfolgbarkeit der Produkte (inklusive Dokumentation!) gefordert. Diese Rückverfolgbarkeit bietet aber auch die Chance für regionale Herkunftsbezeichnungen bzw. Marken, die heimisches Wildfleisch von Importen abgrenzen könnten.

Definitionen vom Aufbrechen bis zum Zerwirken

Zum leichteren Verständnis dieses Buches sollten einige Begriffe, die teils der Jägersprache und teils aus dem Fachgebiet der Fleischhygiene stammen, erläutert werden.

Unter **Aufbrechen** versteht der Jäger das Ausweiden, also das Entfernen der Bauch- und Brustorgane beim erlegten Wild.

Der **Aufbruch** ist das aus dem Wildkörper entfernte Eingeweide.

Das **Aushakeln** war eine alte Methoden zum Entfernen der Eingeweide beim Flugwild; aus hygienischen Gründen ist sie heute überholt.

Das **Auswerfen** ist das Ausweiden beim Niederwild.

Das **Aus der Decke schlagen** entspricht dem Enthäuten von Schalenwild, lediglich das Wildschwein wird **abgeschwartet**. Beim Hasen sprechen wir vom **Abbalgen**.

Eine **Bache** ist ein weibliches Wildschwein, **Keiler** ein männliches und **Frischlinge** sind junge Wildschweine.

Unter **Blatt** versteht der Jäger die Schulter des Schalenwildes, davon kommt auch der **„Blattschuss“**.

Böcke sind männliche Stücke beim Reh-, Gams- und Steinwild, Weibchen werden als **Geißen** bezeichnet.

Die **Brunft** ist die Paarungszeit beim Schalenwild. Brunftzeiten reichen von Juli/August (Rehwild) bis Dezember/Jänner (Stein- und Schwarzwild). Beim Schwarzwild spricht man von **Rauschzeit**.

Die **Decke** ist das Fell vom **Haarwild** (das Wildschwein besitzt aber eine **Schwarte**, der Hase einen **Balg**).

Unter **Erlegen** versteht man den Abschuss von Wild.

Federwild umfasst dem Jagdrecht unterliegende Wildvögel.

Das **Gescheide** ist das Eingeweide des Wildes, welches auch in kleines Gescheide (Darmtrakt) und großes Gescheide (Magen) eingeteilt wird.

Als **Geräusch** werden Herz, Lunge und Leber (manchmal auch noch die Nieren) des Schalen-wildes und des zum Hochwild zählenden Federwildes bezeichnet.

Die **Jagdzeit** ist die Zeit, in der auf die betreffende Wildart die Jagd ausgeübt werden darf, in der **Schonzeit** ruht die Jagd auf diese Wildart.

Unter **Jägerrecht** werden die dem Erleger zustehenden Innereien des erlegten Wildes verstanden.

Kitze sind das Jungwild bei Reh-, Gams- und Steinwild, beim Rotwild sind es die **Kälber**, beim Muffelwild die **Lämmer**.

Der **Kropf** ist eine Erweiterung der Speiseröhre bei Hühner- und Taubenvögeln.

Der **Lecker** ist die Zunge beim Schalenwild (Ausnahme: das Schwarzwild, bei diesem „Zunge").

Löffel sind die Ohren beim Feldhasen und Wildkaninchen.

Der **Oberflächenkeimgehalt** ist ein Parameter für die hygienische Qualität von Fleisch, er wird meist in Keimen pro cm^2 angegeben.

Als **Rotwild** (auch Edelwild) bezeichnet der Jäger Stücke der Gattung Rothirsch.

Das **Schalenwild** hat an seinen **Läufen** (= Füßen) Hufe (Paarhufe), sogenannte „Schalen".

Unter **Schärfen** oder **Ab-** bzw. **Aufschärfen** versteht der Jäger das Schneiden mit einem Messer.

Ein **Schmalreh** ist ein weibliches Reh im zweiten Lebensjahr.

Schrote sind kleine Blei- oder Weicheisenkugeln, die aus Flinten verschossen werden.

Als **Springer** bezeichnet der Jäger die Hinterextremitäten des Hasen.

Schwarzwild ist die jagdliche Bezeichnung für Wildschweine.

Schweiß wird das Blut in der Jägersprache genannt.

Die **Strecke** ist die Gesamtheit an erlegten Stücken einer Jagd oder einer Jagdsaison.

Trichinen sind in der Muskulatur lebende Parasiten, die über Rohprodukte oder unzureichend gegartes Fleisch von trichinösen Tieren auf den Menschen übertragen werden können und bei diesem zur **Trichinellose** führen. Trichinenträger können unter den Wildtieren Wildschwein, Fuchs, Dachs, Nutria und Bär sein.

Die **Trophäe** ist ein Erinnerungsstück von einem Stück Wild für den Jäger (z.B. Geweih, Gehörn, Gamsbart usw.).

Ein **Überläufer** ist ein Wildschwein im zweiten Lebensjahr.

Ein **Weichschuss** ist ein Schuss, bei dem Baucheingeweide verletzt werden.

Widder sind männliche Stücke beim Muffelwild, Weibchen heißen **Schafe**.

Wildbret ist einerseits die Bezeichnung für das Fleisch des Wildes und andererseits ein früherer Ausdruck für das Rot- bzw. Kahlwild (rotes W.) und für das Schwarzwild (schwarzes W.).

Wildbrethygiene umfasst grundsätzlich jene Maßnahmen, die in erster Linie vom Jäger getroffen werden müssen, damit sich das Wildbret in einem einwandfreien, d.h. sauberen und für den menschlichen Genuss tauglichen Zustand befindet.

Die **Wildkammer** ist ein Raum zur gekühlten Lagerung von erlegtem Wild.

Das **Zerwirken** umfasst das Zerlegen eines Wildkörpers in seine Einzelteile.

Im Buchtext wird immer wieder von der Weidmannssprache abgewichen, denn es scheint sinnvoll, im Zusammenhang mit Wildbrethygiene oder Wildkrankheiten beispielsweise von „Blut“ und nicht von „Schweiß“ zu sprechen.

Was ist Wildbretqualität?

Insbesondere im Zusammenhang mit Lebensmitteln wird sehr häufig der Begriff "Qualität" verwendet. Definitionsgemäß sind darunter „die Summe aller Anforderungen, die man an ein Lebensmittel stellt" zusammengefasst. Konnten noch in der Nachkriegszeit die Erwartungen des Konsumenten in erster Linie durch Bereitstellung entsprechender Warenmengen befriedigt werden, so wird heute das Kaufverhalten des Verbrauchers in weitaus stärkerem Maße von der Qualität und Vielfalt des Warenangebotes bestimmt. Wenn die qualitativen Vorstellungen des Erzeugers und des Verbrauchers dabei mitunter stark differieren, so liegt dies auch darin begründet, dass der Qualitätsbegriff bei Nahrungsmitteln sehr komplex ist.

Genusswert, Nährwert und Eignungswert

Die Qualität eines Lebensmittels beschreibt einerseits wertneutral die Beschaffenheit einer Ware. Andererseits ist der Qualitätsbegriff auch wertbezogen, da er nämlich auch die Summe der Eigenschaften berücksichtigt, die für die Wertschätzung des Lebensmittels von Bedeutung sind. Wertgebende Eigenschaften von Lebensmitteln sind ihr Genusswert, Nährwert und Eignungswert. Unter Qualität wird auch die Summe aller sensorischen, nutritiven, hygienischen und toxikologischen Eigenschaften eines Lebensmittels verstanden. Schließlich wird der Begriff „Qualität" auch als positives Werturteil verwendet, wenn man Qualitätsware als eine Ware bezeichnet, die sich durch eine bestimmte oder auch überdurchschnittliche Güte auszeichnet. Für „Wildfleischqualität" gibt es unterschiedliche Qualitätskriterien, nicht zuletzt, weil der Jäger, der Verarbeiter, der Ernährungswissenschaftler, der Hygieniker und auch der Konsument teilweise unterschiedliche Vorstellungen davon haben.

Die ernährungsphysiologisch-hygienische Qualität ist sicher der wichtigste Faktor. Darunter versteht man zum Beispiel die biologische Wertigkeit des Fleisches, die bei Wild besonders hoch ist, oder den Nährstoffgehalt und natürlich das Freisein von Krankheitserregern bzw. gesundheitsschädigenden Rückständen. Unter technologischer Qualität ist die Eignung eines Lebensmittels im Hinblick auf seine Be- und Verarbeitung gemeint. Dabei geht es bei der Wursterzeugung etwa um die Wasserbindungsfähigkeit des Fleisches oder um die Konsistenz und Zusammensetzung des Fettes. Für die psychologische Qualität eines Lebensmittels sind Faktoren wie Erscheinungsbild, Verpackung, Geruch, Geschmack oder auch die Bequemlichkeit der Zubereitung von Bedeutung.

Wesentliche Qualitätsmerkmale von Wildbret für		
Jäger	**Verarbeiter**	**Konsument**
Alter, Gewicht, Freisein von äußeren und inneren Auffälligkeiten beim Aufbrechen, keine Abmagerung, kein Krankheitsverdacht, kein Brunftgeruch usw.	Frische, Einhalten der Kühlkette, keine Verunreinigungen, Oberflächenkeimgehalt, Muskel- und Fettanteil, technologische Eignung, pH-Wert, Wasserbindungsvermögen, geringe Schussverletzung, sensorische Eigenschaften, kein Brunftgeruch usw.	Nähr- und Genusswert, Eignungswert, Zubereitungs-Bequemlichkeit, psycho-sozialer Wert, ökologischer Wert, ethischer Wert (Produkt aus freier Natur weidgerecht erlegt – Tierschutz), gastronomische Vorfreude, gesundheitliche Unbedenklichkeit, Rückstandsfreiheit
Erlös	**Gewinn**	**Preis**

Konsumentenerwartung

Der Konsument setzt eine besonders hohe Erwartung in das Wildfleisch, da es ein nicht alltägliches Nahrungsmittel ist. Als selbstverständlich erwartet er eine einwandfreie Beschaffenheit in hygienisch-toxikologischer Hinsicht, wozu auch der Gesetzgeber mit Vorschriften zum Schutz vor Gesundheitsschädigung beiträgt. Eine Rolle spielt auch die ernährungsphysiologische Wertigkeit, die von den Anteilen an Hauptnährstoffen und Wirkstoffen wie Vitaminen, essentiellen Amino- und Fettsäuren sowie Mineralstoffen bestimmt wird. Bei den sensorischen Eigenschaften steht allgemein das Gesamterscheinungsbild

Vorfreuden auf ein schmackhaftes Wildgericht

an erster Stelle, gefolgt von Geruch, Geschmack und Konsistenz. Der Verbrauchswert beinhaltet Eigenschaften wie Haltbarkeit, Belastbarkeit, Frische sowie die Ausbeute und die mitgegebene Vorausarbeit (Convenience) wie auch die Präsentation als Ganzes (Verpackung, Portionierung). Als kaufbeeinflussende Eigenschaft wirkt noch die Bequemlichkeit im Einkauf und bei der Zubereitung / Verwendung des Nahrungsmittels im Haushalt. Auch der Sozialwert, d.h. die gesellschaftliche Wertschätzung eines Lebensmittels, ist zu berücksichtigen, denn dieser trägt zum Genuss, zur Zufriedenheit, zum Wohlbefinden, manchmal auch zur Selbstbestätigung bei. Der Aspekt der gastronomischen Vorfreude und technologische Eigenschaften runden die Erwartungen ab. Die Öffentlichkeit hat auch ein zunehmendes Interesse daran, wie Lebensmittel erzeugt und wie sie be- und verarbeitet werden.

Hoher ethischer und ökologischer Wert von Wildbret

Zusätzlich gewinnen Qualitätsaspekte wie „ethischer Wert" und „ökologischer Wert" eines Lebensmittels immer größere Bedeutung. Hinsichtlich des ethischen Wertes ist Wildbret dem Fleisch der Schlachttiere überlegen, da die Art der Haltung, Fütterung, des Transportes und der Schlachtung bei landwirtschaftlichen Nutztieren tierschutzrechtliche Probleme aufwerfen kann, bei Wild jedoch heute so gut wie keine Kritikpunkte darstellt. Unter ökologischem Wert des Fleisches versteht man die durch die Tierhaltung verursachten Umweltbelastungen, wie z.B. Geruch, Staub oder die oft schwer zu entsorgenden Mengen an Harn, Kot bzw. Gülle, die in Tierhaltungen anfallen. Da diese Probleme im Zusammenhang mit Wildtieren von völlig untergeordneter Bedeutung sind, kann man auch von einem hohen ökologischen Wert des Wildbrets ausgehen.

Kinder haben meist noch einen natürlichen Zugang zu erlegtem Wild und damit auch zu Wildbret

Qualitätsabweichungen

Qualitätsabweichungen bei Fleisch sind vielgestaltig. Neben substantiellen (z.B. stickige Reifung, Farbabweichung, Fliegenmaden) und sensorischen Veränderungen (z.B. Brunfthirsch) sowie Rückstandsbelastungen (z.B. Schwermetalle und Pestizide) spielen bei Wildbret besonders mikrobiologische Abweichungen (Oberflächen- und Tiefenfäulnis, Verderb) eine Rolle. Den mikrobiologischen wie auch substantiellen Abweichungen gehen meist Fehler rund um die Versorgung des erlegten Stückes voraus.

Rückstände in Fleisch und Organen

Zur Rückstandsproblematik von Schwermetallen in Wildfleisch und Organen ist anzumerken, dass Leber und Nieren von älteren Stücken (älter als 2jährig) nicht mehr verzehrt werden sollten. Wildfleisch selbst ist nach zahlreichen Untersuchungen auch von älteren Stücken unbedenklich. Der Autor erlegte in der Obersteiermark eine 5jährige Rehgeiß, die in den Nieren mit 11,339 mg/kg eine fast 12-fache und in der Leber eine mehr als 3-fache Überschreitung des Cadmium-Richtwertes aufwies, was durchaus keinen Einzelfall darstellt. Bei diesem Reh dürfte vermutlich eine hohe Aufnahme von Pilzen zu diesen Werten geführt haben. Die Bleibelastung von Wild hat in den letzten beiden Jahrzehnten nach dem Verbot von Blei als Antiklopfmittel in Treibstoffen stark abgenommen.

Eigenschaften von Wildfleisch

Wildbret unserer Wildtierarten ist an mehreren Merkmalen und auch geschmacklich zu unterscheiden. Aber auch innerhalb einer Wildart gibt es Faktoren, die die Wildbretqualität beeinflussen. Dabei kann zwischen inneren Qualitätsfaktoren (wie Alter, Geschlecht, untersuchter Muskel, Krankheiten) und äußeren Faktoren (wie Herkunft, Haltung, Jahreszeit, Äsungsangebot bzw. Fütterung, Jagdart, Hygiene und auch Art der Zubereitung) unterschieden werden.

Wild ist nicht gleich Wild

Das Wildbret der heimischen Schalenwildarten weist unterschiedlich sensorische Eigenschaften auf. So ist das Wildbret von **Rehwild** dunkelrot bis rotbraun, von feinem Aroma und kurzfaserig. Besonders geschätzt wird das Wildbret von Kitzen und einjährigen Stücken.

Muffelwild hat für viele das wohlschmeckendste Wildbret unserer Schalenwildarten

Das rotbraune **Rotwildfleisch** ist gegenüber Reh- und Damwild kerniger und langfaseriger. Besonders wohlschmeckendes Wildbret liefern Kälber und einjährige Stücke (Schmalspießer und Schmaltiere). **Damwild** besitzt helles, rotbraunes, zartes und saftiges Fleisch; **Sikawild** weist dunkelbraunes, überaus feines, ebenfalls saftiges Fleisch auf. Das wohlschmeckendste Wildbret unserer Hornträger besitzt wohl das **Muffelwild**. Das Fleisch von jungen Stücken schmeckt nicht nach Schaf, ist hell, zartfaserig und sehr saftig. Das Fleisch des **Gamswildes** ist dunkel, hocharomatisch, zum Teil sehr fett bis talgig und bei älteren Stücken von etwas strengem Geschmack. Fleisch vom **Steinwild** ist langfaserig und schmeckt kräftig-würzig, manchmal etwas talgig. Fleisch von **Schwarzwild** hat verglichen mit Reh- und Rotwild mehr Fettzellen, damit ist es besonders saftig; es ist aber magerer und von festerer Struktur als Hausschweinefleisch.

Feldhasen haben ein wohlschmeckendes, rotbraunes Fleisch. Zur Altersbestimmung beim Hasen dient das „Stroh´sche Zeichen", ein Knochenvorsprung oberhalb des Handwurzelgelenkes (Pfotenende) am Vorderlauf, den man beim bis 8 Monate alten Junghasen deutlich fühlen kann. Bei älteren Hasen ist der Knochenvorsprung nicht mehr tastbar, dafür aber ist der „Augendorn", ein Knorpel im Augenwinkel, beim Althasen verknöchert.

Der **Fasan** besitzt ein helles, muskulöses Fleisch, welches schon die alten Griechen und Römer zu schätzen wussten. Ein ebenso schmackhaftes Wildbret liefert das **Rebhuhn**, das aber in freier Wildbahn kaum noch in bejagbaren Besätzen vorkommt. Das Wildbret von **Wildenten** und **-gänsen** ist muskulöser, fettärmer und damit weniger saftig als das Fleisch von Hausenten und -gänsen. Es ist aber wohlschmeckend und zart, besonders geschätzt wird die Krickente. **Ringeltauben** haben ein relativ dunkles Fleisch. Wildbret von **Rauhfußhühnern** (Auer-, Birk- und Haselwild) ist dunkelrot und im Geschmack sehr würzig, bei jungen Vögeln besonders zart, bei alten aber oft zäh. Als besonders Delikatesse gilt, wo noch bejagt, das **Haselwild**.

Die Unterscheidung von jungen und alten Fasanenhahnen erfolgt recht sicher am Sporn. Der Sporn junger Hahnen ist in der Regel noch kurz und stumpf; je älter der Hahn, umso länger und spitzer wird der Sporn. Einen weiteren Hinweis gibt die Länge des Stoßes, der im ersten Jahr noch verhältnismäßig kurz, nicht viel länger als bei der Henne ist.

Die Farbe des Wildbrets ist im Vergleich zum Fleisch landwirtschaftlicher Nutztiere u.a. auch aufgrund des geringeren Ausblutungsgrades insgesamt dunkler, was sich nach Beendigung der Fleischreifung sogar noch verstärkt. Eine leichte Grünfärbung kann aufgrund der Grünfärbung der Muskelhäute (Faszien) zu Tage treten oder auch Hinweise auf verspätetes Aufbrechen oder verzögerte Kühlung geben. Die Mikrostruktur der Muskelfasern von Wildfleisch hat einen deutlich höheren Anteil roter gegenüber weißen Fasern.

Die deutlichen Geschmacksunterschiede zwischen unseren heimischen Schalenwildarten sind am besten an kurz abgebratenen Stücken, die nur mit Salz und Pfeffer (nicht mit vereinheitlichender „Wildwürze“!) gewürzt werden, zu genießen.

Geschmack und Geruch

Geschmack und Geruch des Wildbrets sind artspezifisch und u.a. von nachstehenden Faktoren abhängig: Alter (Fleisch jüngerer Tiere ist in seiner Struktur bedeutend zarter) und Jahreszeit (im Herbst und Winter allgemein schmackhafter; zur Brunftzeit von spezifischem, intensiverem Geruch und Geschmack). Zusätzlich beeinflussen die Äsungs- bzw. Fütterungsverhältnisse, der Gesundheitszustand und der Fettgehalt (inter- und intramuskuläres Fett ist Träger von Geschmacksstoffen!) die Qualität und damit auch den Geschmack des Wildbrets. In der Auswahl der zahlreichen Äsungspflanzen in freier Wildbahn bestehen deutliche Unterschiede zwischen Wildarten und auch Lebensräumen, was vermutlich zusätzliche Geschmacksvariationen bedingt. Selbst Milch und Käse von gealpten Kühen haben gegenüber Produkten von in Niederungen gehaltenen Milchkühen deutliche Geschmacksunterschiede, die auf den höheren Gehalt von Terpenen und ätherischen Ölen aus den Futterpflanzen zurückzuführen sind. Alm-Milch enthält auch mehr Zink, Mangan, Eisen, ungesättigte Fettsäuren sowie Aminosäuren. Wild hat neben Gräsern und Kräutern auch Sträucher, Laub- und Nadelbäume im Äsungsspektrum, was zusätzlich geschmacklich wahrgenommen werden kann.

Jahreszeitliche Unterschiede

Zum jahreszeitlichen Einfluss auf die Wildfleischqualität liegen hauptsächlich Untersuchungen aus Wildgattern vor, er ist aber insgesamt gering. In einer aktuellen Untersuchung aus freier Wildbahn wurde der Unterschied der Fleischqualität zwischen im

Der jahreszeitliche Unterschied der Wildbretqualität ist bei gut genährten Stücken gering

Frühjahr und im Herbst erlegten Rehen untersucht und dabei in den meisten Qualitätsparametern keine signifikanten Unterschiede ermittelt (HOFBAUER et al., 2004). Der größte Unterschied bestand im Fettgehalt (0,36 g/100 g im Frühjahr zu 1,78 g/100 g im Herbst), was auf alle Fälle einen geschmacklichen Vorzug für Herbstrehe bringt. Bei freilebendem Wild sind in die Überlegung der jahreszeitlichen Bejagung auch Faktoren, wie beispielsweise Einstandskämpfe bei Rehwild (mit hohen Raten an Straßen-Fallwild) oder Reduktion des Jagddruckes im Spätherbst und Ruhe der Jagd im Winter mit zu berücksichtigen, was auf alle Fälle für einen frühzeitigen Abschuss spricht. Einen sehr wesentlichen Einfluss auf die Wildfleischqualität hat die Brunftaktivität, einerseits schon wegen spezifischer Gerüche und andererseits wegen der verminderten Äsungsaufnahme und der stark gesteigerten Bewegung, was die Fleischreifung beeinflusst.

Wildfleisch ist gesund

Der ernährungsphysiologische Wert des Wildbrets wird durch seinen hohen Eiweißgehalt (21 – 23 %), den geringen Fettanteil (abhängig von Wildart und Fleischteil 1 – 8 %), hohe Mineralstoff- (bes. Calcium, Phosphor und Eisen) und Vitamin-Gehalte (B-Gruppe) bestimmt. Der Cholesteringehalt von Wildbret (ca. 60 – 70 mg/100 g) entspricht weitgehend jenem von Schweine- und Rindfleisch. Besonders Schwarzwild und Feldhase haben gegenüber Haustieren einen höheren Gehalt an essentiellen Aminosäuren. Wildbret ist reich an den Spurenelementen Eisen, Zink und Selen.

Die Zusammensetzung und die Energiegehalte des Wildbrets von Rot-, Reh- und Damwild sind aus der nachstehenden Tabelle ersichtlich, wobei sich die Werte auf unterschiedlich zugeschnittene, verkaufsfertige Teilstücke beziehen.

Zusammensetzung und Energiegehalte von Rot-, Reh- und Damwildbret
(n. SCHIEFER, 1996; BANDICK u. RING, 1996; SCHITENKO, 1973)

Wildart	**Wasser in %**	**Protein in %**	**Fett in %**	**kcal (100 g)**	**kJ (100 g)**
Rotwild	74,8	21,4	2,9	114	474
Reh	75,8	19,8	1,9	-	-
Reh (SCHITENKO)	73–75	21–22	3,5–6,5	122–146	507–607
Damwild	74,3	23,3	1,1	106	438

Wegen seines niedrigen Fettgehaltes wird Wildfleisch auch für die Diätküche bevorzugt herangezogen. Dabei ist jedoch der höhere Puringehalt im Fleisch von jungem Wild zu berücksichtigen. Hinsichtlich des Gehaltes an Fettsäuren im Wildbret liegen in der Literatur sehr unterschiedliche Ergebnisse vor, die vermutlich darauf zurückzuführen sind, dass einerseits Untersuchungen von reinem intramuskulären Fett durchgeführt wurden, während bei anderen Analysen auch intermuskuläres und subkutanes Fett in die Beurteilung miteinbezogen wurde. Fleisch von Gatterwild ist durch die haustierähnliche Ernährung und die geringere Bewegungsfreiheit durchwegs fetter als Wild aus freier Wildbahn. In der hygienischen Wertigkeit ist Gatterwild dem Wild aus freier Wildbahn aber meist überlegen.

Vergleich der Wasser-, Gesamteiweiß- und Fettgehalte von Wildbret mit dem Fleisch von Rind, Schwein und Ziege *(n. WALTER, 2004)*

Tierart	**Wasser** (g/100g)	**Gesamteiweiß** (g/100g)	**Fett** (g/100g)
Rind	69,7	22,7	6,6
Hausschwein	71,5	21,3	6,2
Ziege	67,8	18,0	7,7
Rotwild	74,8	21,4	2,9
Rehwild	75,7	21,4	1,2
Damwild	74,3	23,3	1,1
Muffelwild	63,6	19,6	15,8
Schwarzwild	71,5	21,2	6,3
Feldhase	69,2	24,3	5,4
Wildkaninchen	69,6	20,8	7,6
Fasan	67,4	23,9	7,7

In den beiden Tabellen sind die Fettgehalte von Wild- und Haustieren vergleichend dargestellt. Bedingt hauptsächlich durch gezielte Zucht und kürzere Mastdauer bei landwirtschaftlichen Nutztieren, kann man heute nicht mehr behaupten, Schweinefleisch sei generell fett und Wildbret generell fettarm. Reines Magerfleisch enthält – unabhängig von der Tierart – nur etwa 1 – 2 g Fett (GRUBER, 2000).

Fettgehalte von Fleischteilen landwirtschaftlicher Nutztiere im Vergleich zu Wildarten in % *(n. POSPISIL, 2000; BANDICK u. RING, 1996)*

Fleischteil	Rotwild	Rehwild	Rind	Kalb	Schwein
Schlögel	5,0	1,3	3,2	0,7	12,2
Rücken	-	3,6	6,3	0,6	7,0

Gewichtsentwicklung und -schwankungen beim Rehwild

Wildbretgewichte des Rehwildes sind abhängig von Lebensraumfaktoren (wie Wald-Feld-Grenzen, Wiesenanteil, Baumartenverteilung, Grundgestein, Fütterung, Höhe über dem Meeresspiegel usw.), Wilddichte, klimatischen (z.B. strenger Winter, Extremsommer) und genetischen Faktoren, vom Parasitendruck sowie vom Alter der Tiere. Zusätzlich sind deutliche jahreszeitliche Schwankungen zu beobachten.

Geißengewichte schwanken stärker

Die jahreszeitlichen Schwankungen der Wildbretgewichte bewirken hauptsächlich der Haarwechsel, das unterschiedliche Nahrungsangebot, die Witterung sowie besondere Belastungen (Brunft bei den Böcken sowie Trächtigkeit und Milchbildung bei den Geißen). Böcke erreichen ihr Höchstgewicht im Juni/Juli vor der Brunft. Brunftbedingt sinkt die Körpermasse im August, um sich im September wieder etwas zu erholen, aber im Oktober durch die erhöhte Stoffwechselaktivität während des Haarwechsels erneut abzusinken. Dieser Knick im Oktober wurde auch bei einjährigen Rehen und Kitzen beobachtet (STUBBE, 1997). Den jahreszeitlichen Gewichtsschwankungen von rund 1 kg bei Böcken stehen solche von 3 kg bei Geißen gegenüber, die im Juni/Juli besonders durch die Milchbildung (Stoffwechselbelastung) verursacht ist. Der Knick im Oktober (Haarwechsel)

Geißengewichte schwanken im Jahresverlauf um 3 kg

ist bei der Geißen-Auswertung in der Abbildung nicht zu erkennen, da im Oktober der Abschussanteil an nichtführenden Geißen mit besserer Körperkondition höher war als in den Vormonaten.

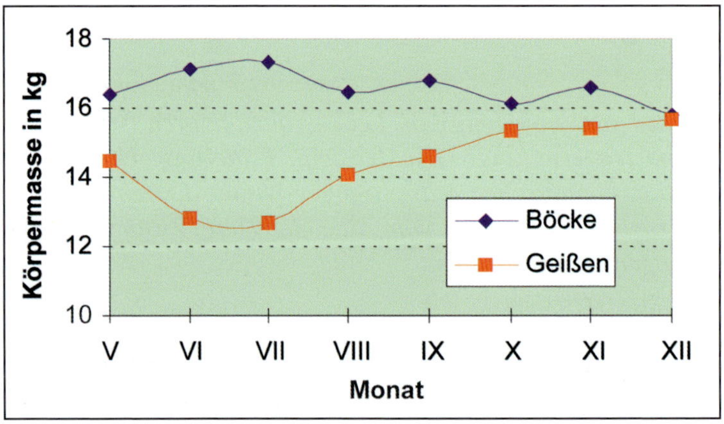

Jahres-Verlauf der Körpermasse von erwachsenen Rehen (n. STUBBE, 1997)

Frühe Kitzbejagung

Die bessere Körperkondition nichtführender Geißen ist bereits das erste Argument, Kitze frühzeitig (Ende August und im September) zu erlegen. Damit hat die Geiß dann mehr Zeit, sich vor dem Winter zu erholen, was auch dem nächstjährigen Kitz zugute kommt. Weitere Argumente sind die leichtere Bejagbarkeit der Rehe im September, da sie zu dieser Zeit sehr aktiv sind. Zudem ist die Geiß-Kitz-Bindung noch stark, was die gegebenenfalls gemeinsame Erlegung von Kitz(en) und Geiß erleichtert.

Durch frühere Bejagung Fallwildanteil senken

Sowohl durch frühzeitige Bejagung von jungen Rehböcken im Frühjahr als auch von Geißen und Kitzen ab August lassen sich Fallwildverluste (vorwiegend Straßenfallwild durch Einstandskämpfe bei Böcken oder durch Ziehen auf wintergrüne Felder) minimieren. Neben der Reduktion des Fallwildes geht damit auch eine Minimierung der winterlichen Wildbeunruhigung durch den Jagddruck einher. Die insgesamt geringen jahreszeitlichen Unterschiede in der Wildbretqualität werden im Kapitel „Eigenschaften von Wildfleisch" behandelt.

Im Vergleich der Durchschnittsgewichte der Kitze im Spätsommer mit jenen zu Jahresende ist zu berücksichtigen, dass zu Beginn der Schusszeit überwiegend schwache Kitze im Wahlabschuss und späterhin bei drohender Nichterfüllung des Abschussplanes durchschnittlich starke Kitze im Zahlabschuss fallen, was aus einem Vergleich der Gewichte keine seriösen monatsbezogenen Auswertungen zulässt. Folgende Durchschnittsgewichte ergaben sich beispielsweise aus der gesamten steirischen Rehwildstrecke des Jagdjahres 2000/01: 16,5 kg (Böcke I), 15,7 kg (Böcke II), 14, 2 kg (Altgeißen), 11,7 kg (Schmalgeißen), 11,5 kg (Böcke III), 9,1 kg (Bockkitze) und 9,0 kg (Geißkitze).

Zusammenfassend darf bemerkt werden, dass in der Rehwildbejagung nicht ökonomische Aspekte (höhere Gewichte gegen Ende des Jagdjahres) wildökologische Argumente (geringerer Jagddruck im Winter, bessere Kondition nichtführender Geißen usw.) übertrumpfen sollen.

Weniger Wildbret durch Hitzesommer 2003

Sowohl bei Rot- als auch bei Reh- und Gamswild lagen die Durchschnittsgewichte aller Altersklassen im und nach dem Extremsommer 2003 durch Hitzestress und Wassermangel deutlich unter jenen der beiden vorangegangenen Jagdjahre. Das Durchschnittsgewicht von Rehen und Gamswild war in der Steiermark um 0,5 kg niedriger, das von Rotwild um 1,0 kg. Der relativ höhere Gewichtsverlust bei Rehen resultiert vermutlich aus der sehr territorialen Lebensweise des Rehwildes im Sommerhalbjahr, welche bewirkt, dass ungünstige (wasserarme) Lebensräume nicht einfach verlassen werden können. Hochgerechnet auf die steirische Jahresstrecke ergibt dies allein für Reh- und Rotwild ein Minus von 40 Tonnen Wildbret gegenüber den beiden vorangegangenen Jagdjahren. Überdies muss berücksichtigt werden, dass schlechter entwickeltes (Jung)Wild natürlich auch krankheitsanfälliger ist und damit die Fallwildrate steigt.

Wie verdirbt Wildfleisch?

Die Ursachen für einen Verderb von Fleisch sind außerordentlich vielfältig. In den meisten Fällen gehen einem Verderb von Wildfleisch Fehler beim Aufbrechen, Lagern oder Transport voraus, die in den allermeisten Fällen leicht zu vermeiden wären.

Fleischverderb bewirkt Veränderungen von Aussehen und Farbe (Verfärben, Verschimmeln, Bereifen, Gefrierbrand), von Konsistenz und Struktur (Schmierigwerden, Schleimbildung, Erweichungen, Verhärtungen, Gasbildung) sowie von Geruch und Geschmack (Fäulnis, Säuerung, Dumpfig- und Muffigkeit, Altgeschmack, Ranzigkeit, Öligkeit, Tranigkeit, haut gout, Seifigwerden usw.).

Chemische, physikalische und biochemische Ursachen

Gewebeeigene Stoffumsetzungen, wie stickige Reifung, enzymatische Bräunungsreaktionen und atmosphärische Einflüsse (Sauerstoff, Licht, Wärme, Feuchtigkeit, Austrocknung), technologische Faktoren und Verunreinigungen (Staub, Schmutz, Gerüche, Kontaminationen mit Umweltchemikalien) können zu Fleischverderb führen.

Stickige Reifung: Ein Verderb, der nicht bakteriell bedingt ist, sondern auf stürmischen enzymatischen Umsetzungen in der Muskulatur sofort nach dem Eintritt des Todes beruht, ist die stickige Reifung („Verhitzen"). Die Ursachen für diese überschwänglichen Stoffwechselvorgänge in frischem Fleisch sind dicke Fettschichten, verspätetes Aufbrechen (sie begünstigen auch den bakteriellen Verderb!), hohe Außentemperaturen („Verhitzen" ist auch im Winter möglich!), Transport körperwarmer Stücke im Kofferraum bzw. übereinander gestapelt oder in der luftdichten Einlage des Rucksackes, die allesamt ein rasches Abkühlen des Tierkörpers verhindern.

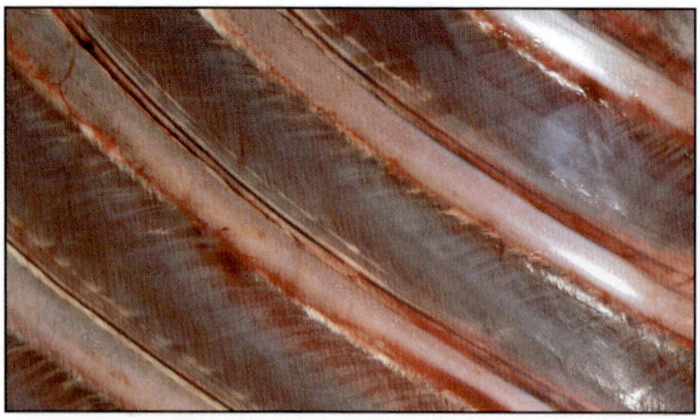

Stickig gereiftes Wildbret oder Wildbret von Fallwild (hier Zwischenrippenmuskulatur) ist rot-graubraun bis kupferrot und riecht unangenehm

Das Wildbret riecht dann sauer (niedriger pH-Wert), z.T. sogar unangenehm nach Schwefelwasserstoff oder Buttersäure, die Schnittfläche ist trüb, rot-graubraun, die Konsistenz teigig-mürbe, und Brust- sowie Bauchfell erscheinen oft kupferrot. Stickig gereiftes Wildbret gilt als verdorben und damit für den menschlichen Genuss als nicht mehr geeignet. In großen Zerlegebetrieben sind mit saisonalen Schwankungen bis über 20 % der angelieferten Rehe stickig gereift oder mikrobiell verdorben und damit untauglich.

Mikrobiologische Ursachen

Neben Krankheitserregern (darunter auch auf den Menschen übertragbare) kann Fleisch im Zuge der Gewinnung und des Lagerns auch mit Verderbniserregern belastet werden. Für das Verständnis mikrobiell bedingter Abbauprozesse ist die Kenntnis der Stoffwechselvorgänge von Bakterien Voraussetzung. Als Energiequellen dienen aus der Umgebung aufgenommene Nährstoffe, die innerhalb der Bakterienzelle durch Enzymreaktionen auf den Stoffwechselwegen des Zucker-, Eiweiß- und Fettabbaues umgesetzt werden und zahlreiche Abbauprodukte entstehen lassen. Durch die Lipolyse (Fettabbbau) wird das Fett in seine beiden Hauptkomponenten (Glycerin, Fettsäuren) zerlegt.

Die Vermehrung von Verderbniskeimen hängt gravierend von der Außentemperatur ab. In nachfolgender Tabelle wird die Vermehrungsrate von Colikeimen *(Escherichia coli)* bei unterschiedlichen Temperaturen angegeben. Sie soll auf die Notwendigkeit der raschen Abkühlung des Wildkörpers auf höchstens 7 °C hinweisen. Wie aus der Tabelle ersichtlich, verdoppeln sich Colikeime bei 37 °C (ca. Körpertemperatur des erlegten, nicht aufgebrochenen Stückes!) alle 20 Min., d.h. aus einer Bakterienzelle entstehen nach 10 Stunden über eine Milliarde Keime. Bei 15 °C dauert es bereits 3 Stunden bis zur Verdoppelung der Keimzahl. Dazu muss man sich noch vor Augen führen, dass der Anfangskeimgehalt bereits bei mehreren Mio. Keimen/cm^2 Oberfläche liegen kann und dass das Abkühlen im Sommer (und Kofferraum) häufig noch deutlich verzögerter stattfindet!

Vermehrung von Bakterien (E. coli) bei 37 °C und 15 °C

Zeit	Keimzahl von *E. coli* bei 37 °C	15 °C
0 Min.	1	1
20 Min.	2	
40 Min.	4	
1 h	8	
2 h	64	
3 h	512	2
6 h	262.144	4
10 h	1.073,741.824	8

Biologische Ursachen

Physiologische Abweichungen (Brunftgeruch, Fütterungs- und Haltungsbedingungen), Parasitenbefall (wie Finnen, Sarkosporidien, Fleischfliegen-Larven) und Schädlinge (Ratten, Mäuse, Schaben, Fliegen), Haus- und Wildtierkontakt (Anschneiden) stellen ebenfalls Qualitätsmängel bis Untauglichkeitsgründe dar.

Mikrobiologie von Wildfleisch

Wie im vorigen Kapitel angeführt, ist die häufigste Ursache des Fleischverderbs die bakteriell bedingte Fäulnis. Dieses Kapitel beschäftigt sich mit dem auf Fleischoberflächen und in der Muskulatur nachgewiesenen Bakterienarten und unterstreicht nochmals die Notwendigkeit der raschen Kühlung von Wildbret.

Bei frischem Wildbret von gesunden Tieren sind in der Tiefe der Muskulatur keine Keime nachweisbar. Bereits 24 Stunden nach dem Erlegen können rund die Hälfte der Proben keimhaltig sein. Nachfolgende Tabelle teilt diese Keimgruppen nach ihrer lebensmittelhygienischen Bedeutung ein.

Einteilung lebensmittelrelevanter Keime auf/in Wildfleisch *(n. SCHIEFER, 1996)*

Bedeutung	Mikroorganismen
1. Hygieneindikatorkeime	Coliforme Keime, Enterokokken
2. Lebensmittel-Verderber	Micrococcaceae, Enterobacteriaceae, Pseudomonadaceae, Bacillaceae, Lactobacillaceae, Hefen, Schimmelpilze
3. Erreger von Lebensmittelinfektionen und -intoxikationen	Salmonellen, thermophile Campylobacter, *Staphylococcus aureus* (Enterotoxine), *Clostridium perfringens*, *C. botulinum*, *Bacillus cereus*, *Escherichia coli*

KNIEWALLNER (1969) fand, dass bei einem aeroben Keimgehalt um $10^7 - 10^8$ Keime/g die Zahl der coliformen Keime bei 10^6/g, die der Enterokokken bei 10^5/g und die Clostridien-Keimgehalte bei 10^3/g bis 10^4/g lagen; Salmonellen wurden keine nachgewiesen.

Keimgehalt in der Muskulatur von Reh-, Rot- und Schwarzwild sowie Feldhase (n. KNIEWALLNER, 1969)

Keimart	Keime/g Muskulatur Oberfläche	Keime/g Muskulatur Tiefe
Aerobe Keimzahl	2,15 x 10^7	1,9 x 10^4
Coliforme Keime	3,0 x 10^5	1,9 x 10^3
Enterokokken	7,0 x 10^4	3,6 x 10^2
Koagulasepositive Staphylokokken	7,8 x 10^3	1,0 x 10^2
Sulfitreduzierende Anaerobier	1,4 x 10^3	0,6 x 10^1

Der (Oberflächen-) Keimgehalt als Hygieneindikator

Auch hygienisch einwandfrei gewonnenes Wildbret ist an der Fleischoberfläche nie keimfrei. Keimgehalte von 100.000 bis 500.000 Keimen/cm^2 zum Zeitpunkt der Verarbeitung von Wildfleisch sind durchaus üblich; bei Schlachtrindern sind die Richtwerte deutlich niedriger. Sichtbar verschmutzte, überlagerte oder zu spät gekühlte Wildfleischoberflächen können 100fache und noch höhere Oberflächenkeimgehalte aufweisen.

Beurteilung von Wildfleischoberflächen zum Zeitpunkt der Verarbeitung (n. PAULSEN u. WINKELMAYER, 2004)	
10^4–10^5 (= 10.000–100.000) Keime/cm^2	keimarm
10^5–10^6 (= 100.000–1 Mio.) Keime/cm^2	normal
10^6–5x10^6 (= 1 Mio.–5 Mio.) Keime/cm^2	tolerierbarer Keimgehalt
5x10^6–10^7 (= 5 Mio.–10 Mio.) Keime/cm^2	hoher, noch tolerierbarer Keimgehalt
10^7–10^8 (= 10 Mio.–100 Mio.) Keime/cm^2	sehr hoher Keimgehalt (verdorben)

In eigenen Untersuchungen zur Bestimmung des Oberflächenkeimgehaltes von Wildfleisch wurden in beachtlichen Prozentsätzen Staphylokokken und in einem Fall Salmonellen (*S. enteriditis* bei einem Reh) differenziert. Ebenfalls beachtenswert sind die Nachweise von *Listeria monocytogenes* in dieser Erhebung. Diese Untersuchung gliederte sich in zwei Versuchsreihen. Aus dem Versuch A in einer gut geführten Großjagd mit Berufspersonal liegen exakte Daten von der Lebenduntersuchung („Ansprechen") bis zum Verbringen in die Wildkammer vor, während im Versuch B – durchgeführt in einem Wild-Zerlegebetrieb – lediglich das Erlegungsdatum bekannt war.

Wie aus der folgenden Grafik zu ersehen ist, lagen die Nachweisraten von Bakterien in Versuch B (nicht kontrollierte Gewinnung) deutlich über jener aus Versuch A.

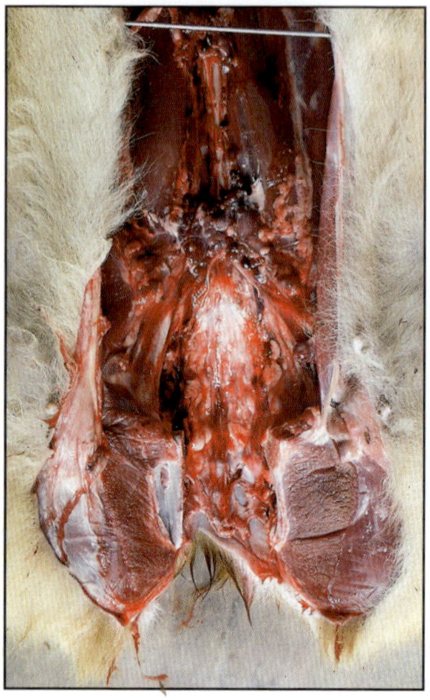

Dasselbe Bild zeigte sich auch bei den Gesamtkeimgehalten. Weiters konnten aus Versuch A dreimal Listerien *(2 L. monocytogenes, 1 L. innocua)* und aus Versuch B achtmal Listerien *(6 L. monocytogenes, 2 L. grayi)* isoliert werden. Ein Salmonellennachweis *(S. enteriditis)* bei einem Reh stammt aus Versuch A.

Die nachgewiesenen Bakterienarten sind einerseits Hygieneindikatorkeime, können andererseits aber auch zu Lebensmittel-Verderb bzw. zu Lebensmittelinfektionen und -vergiftungen führen.

Sauber aufgebrochenes Reh mit geringem Oberflächenkeimgehalt

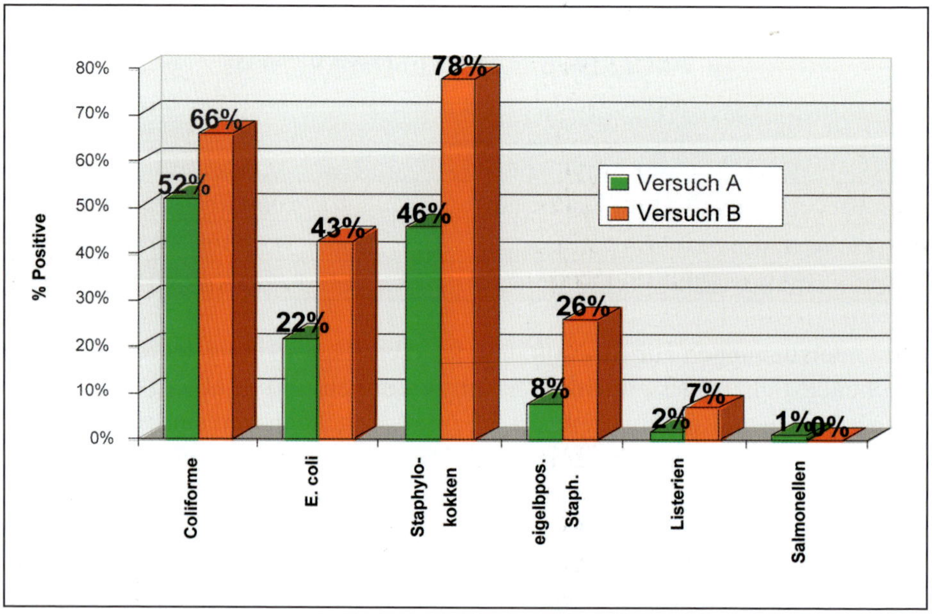

Nachweise von Bakterien auf Wildfleischoberflächen in Abhängigkeit von der Behandlung des Wildes, (n = 123 Stück Wild, in % positive Proben)

Die nachgewiesenen Keimzahlen und -arten sind auch von der beprobten Körperregion abhängig. Demnach weist Wildbret von der Bauch- oder Lendengegend einen höheren Gehalt an coliformen Keimen, Enterokokken, koagulasepositiven Staphylokokken und Clostridien auf. Diese Tatsache deutet zumeist auf eine unsachgemäße Behandlung des Wildbrets hin (z.B. Auswischen der Körperhöhlen, Verletzung des Magen-Darm-Traktes durch den Schuss oder beim Aufbrechen usw.).

In den eigenen Untersuchungen bestand eine gute Korrelation zwischen den Keimgehalten der Bauchinnenseite und denen der Schlögelinnenseite und – wie zu erwarten – auch zwischen dem optischen Befund dieser Flächen mit deren Oberflächenkeimgehalt. An Oberflächenkeimgehalten konnte in Versuch A an den Innenseiten der Schlögel ein Medianwert von 362.000 Keimen/cm^2 und an den Bauchinnenseiten von 241.000 Keimen/cm^2 erhoben werden. In Versuch B mit unbekanntem Vorbericht (Zeiträume Erlegen bis Aufbrechen, Aufbrechen bis Kühlung usw.) lagen die Werte deutlich höher. In Versuch A wurde bei 195 zufällig ausgewählten Tieren ein Zeitraum zwischen Erlegen und Aufbrechen von durchschnittlich 42 Min. (10–180 Min.) sowie zwischen dem Aufbrechen bis zum Einbringen in die gekühlte Wildkammer von durchschnittlich 3,1 Stunden ermittelt. Bei den Tieren in Versuch B ist davon auszugehen, dass diese Zeiträume mehrheitlich länger waren.

In 12 Muskelproben von Stücken mit Lauf- oder Weichschüssen wurde ein gering- bis mittelgradiger Keimgehalt in der Muskulatur nachgewiesen. Bei Weichschüssen wurden die höchsten, bei Trägerschüssen die niedrigsten Oberflächenkeimgehalte festgestellt.

SLOWAK (1986) stellte bei ihren Untersuchungen an erlegtem Reh- und Damwild keine humanpathogenen Keime fest, doch war ein großer Teil der Organproben (Leber, Milz, Niere) mit gering- bis hochgradigen Keimgehalten kontaminiert. Der Keimgehalt der Organe war sowohl vom Sitz des Schusses als auch von der Umgebungstemperatur zur Zeit der Erlegung abhängig. Die Oberflächenkeimgehalte der Bauchmuskelproben lagen in dieser Untersuchung bei Rehwild zur Aufbrechzeit alle unter 5 Mio. KBE (Koloniebildende Einheiten/cm^2). Doch schon nach 48stündiger Lagerung ohne Kühlung überschritten 77 % der Proben diesen Richtwert, 15 % der Proben wiesen einen Keimgehalt von über 50 Mio. KBE/cm^2 auf. Das mikrobiologische Profil setzte sich vorwiegend aus Enterobacteriaceaen, Mikrokokken und Enterokokken zusammen.

Die fachgerechte Versorgung des erlegten Wildes sowie eine ordnungsgemäße Behandlung des Wildbrets, insbesondere die Kühlung, sind Voraussetzungen, um eine hohe Qualität und Haltbarkeit des Fleisches zu gewährleisten. Ein niedriger Anfangskeimgehalt des Wildbrets ist dafür eine Grundvoraussetzung. Da der originäre Keimgehalt des Wildbrets relativ gering ist, kommt der raschen und sorgsamen Behandlung vom Aufbrechen bis hin zur Kühlung die größte Bedeutung in der Qualitätssicherung von Wildbret zu.

Aufgaben des Jägers in der Wildbrethygiene, Hygienerisiken

Mit dem Aufstellen von 10 wesentlichen kritischen Punkten, aus denen Gebote für die Wildbrethygiene ableitbar sind, die teilweise schon vor der Erlegung des Wildes beachtet werden müssen, sollte eine Hilfestellung und Gedächtnisstütze für die fachgerechte Gewinnung von Wildbret gegeben werden. Darüber hinausgehende rechtliche Bestimmungen zur Wildfleischhygiene sind natürlich zusätzlich zu berücksichtigen.

1. **Ansprechen** (Verhalten, Konstitution)
2. **Jagdmethode** (Ansitz, Pirsch, Hetzen, Treiben)
3. **Schuss** (Kaliber, Entfernung, Sichtverhältnisse, Sitz des Schusses)
4. **Äußerlich feststellbare Veränderungen** (z.B. Räude, Verletzungen, Abszesse)
5. **Aufbrechen** (unverzüglich, sorgsam, Kriterien der Wildfleischhygiene)
6. **Innerlich feststellbare Veränderungen** (Organe, Körperhöhlen, Muskulatur)
7. **Ausschweißen, Reinigen** (nur mit Wasser von Trinkwasserqualität)
8. **Auskühlen** (vor Insekten geschützt)
9. **Transport** (kühl und belüftet, Gefahr der stickigen Reifung!)
10. **Lagerung, Kühlung, Verarbeitung** (Wildkammer, Kühlraum, Arbeitshygiene)

1. Ansprechen

Bereits beim Ansprechen des Wildes sind das Verhalten, die Konstitution sowie allfällige Veränderungen, die auf Gesundheitsstörungen (z.B. Änderungen im Verhalten, Durchfall, usw.) hinweisen können, beurteilbar und im späteren Umgang mit dem erlegten Stück zu berücksichtigen. Der Jäger muss sich vergegenwärtigen, dass er in diesem Zusammenhang die Lebendtieruntersuchung im Sinne fleischhygienischer Gesetze durchführt.

Neben der Freude an dem erlegten Stück muß der Jäger auch an seine Aufgaben in der Wildbrethygiene denken

2. Jagdmethode

Die Jagdart hat einen wesentlichen Einfluss auf die spätere Wildbretqualität. So liegt der Oberflächenkeimgehalt bei auf Treibjagden erlegten Rehen bereits unmittelbar nach dem Aufbrechen bei 10 Mio. Keimen/cm^2, während er bei den auf Einzeljagd (Ansitz-, Pirschjagd) erlegten Rehen nur etwa 100.000 Keime/cm^2 beträgt. Dafür verantwortlich sind neben dem bei Treibjagden häufig schlechteren Sitz des Schusses ein schlechterer Ausblutungsgrad und das meist verzögerte Aufbrechen bei den Gesellschaftsjagden sowie ein verspätetes Kühlen (Streckenlegung!). Die gesetzliche Grenze von 3 Stunden zwischen Erlegen und Aufbrechen darf nicht grundlos verzögert werden.

Die Muskulatur von gehetztem Wild hat einen geringeren Glykogengehalt, dies beeinflusst die Fleischreifung negativ

Von weiterem Einfluss auf die Lagerfähigkeit bzw. den Verderb von Wildbret ist der Grad der Fleischsäuerung (Absinken des pH-Wertes = Säuregrades der Muskulatur durch die Bildung von Milchsäure aus Glykogen) im Zuge der Fleischreifung. Ein niederer Säuregrad hemmt die Vermehrung von Verderbniskeimen. Bei vor dem Erlegen gehetztem oder krankem Wild sind die Glykogenreserven weitgehend abgebaut. Dadurch wird die Fleischsäuerung verzögert oder sie erfolgt nur unvollständig, was einen schnelleren Verderb eines solchen Fleisches verursacht. Bei vor dem Erlegen gehetztem Wild wurden pH-Werte von 6,6 bis 6,95 festgestellt, wohingegen die Werte bei vor dem Schuss nicht beunruhigten Stücken bei einem pH-Wert zwischen 5,4 und 5,6 lagen (SCHWARK u. NENTWICH, 1994). Neben der größeren Gefahr des Fleischverderbs bei höheren pH-Werten kann es auch zu Qualitätsabweichungen wie Fleisch mit DFD (dark-firm-dry)-Charakter kommen, welches als dunkles, festes und trockenes Fleisch als Fleischveränderung beim Rind (besonders bei Jungstieren) bekannt ist. DFD-Fleisch ist wegen seiner unansehnlichen Farbe, seinem faden Geschmack und seiner „Leimigkeit“ und auch wegen seiner geringeren Haltbarkeit unerwünscht. In den eigenen Untersuchungen lagen die pH-Werte bei nachgesuchtem Wild (z.B. Laufschüsse) auch meist über 6,0.

Bei länger transportierten Schlachtschweinen sind aufgrund neuerer Untersuchungen bakterielle Besiedlungen der Muskulatur unter Einfluss von Stresshormonen bereits vor der Schlachtung nachzuweisen. Auch bei vor dem Schuss beunruhigtem Wild bzw. nachgesuchtem Wild ist dieses Hygienerisiko zu berücksichtigen. Im Schockzustand (z.B. angeschossenes Wild) werden außerdem Blutgefäße der Darmwand für Bakterien durchlässig, wodurch letztere über den Blutstrom auch die Muskulatur erreichen. Bei angeschossenem Wild werden auch über verletzte Venen Keime angesaugt und über den Blutkreislauf im Körper verteilt.

3. Schuss

Die Lage der Innenorgane bei Wildtieren wird häufig falsch eingeschätzt. Auf der abgebildeten Rehbockscheibe sind einige Organe sowie der Zwerchfellansatz (hinter dem ein Weichschuss beginnt!!) eingezeichnet. Direkt an das Zwerchfell schließen die Leber, die dem Pansen (Weidsack) kuppelförmig aufsitzt, und darunter der Netzmagen an. Bei genauer Betrachtung des unteren Brustraumes ist zu erkennen, dass sich hinter dem an das Herz anschließenden Zwerchfell unmittelbar der Netzmagen befindet, der häufig bei „tiefen Blattschüssen“ mitverletzt wird. Das Zwerchfell spannt sich von oben in ca. mittlerer Rückengegend nach unten vorne fast in den Ellbogenbereich. Je tiefer der Schuss sitzt, desto leichter kann es also zu Weichschüssen kommen. Die alten Grundsätze „einige Finger hinterm Blatt“ oder noch nachteiliger „mitten drauf“ provozieren einen Weichschuss, nicht nur

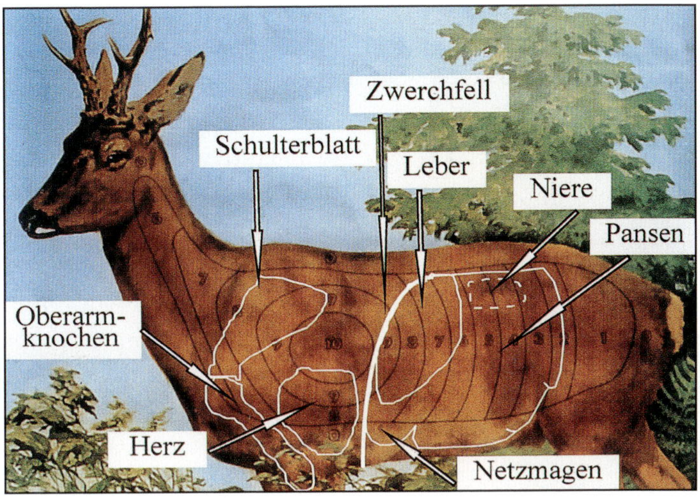

Schüsse knapp hinter dem Herz sind bereits Weichschüsse

mit Nachsuche-, sondern auch mit Hygieneproblemen. Nahezu bei jedem Leberschuss wird der Verdauungstrakt miteröffnet.

Sowohl das verwendete Kaliber und Geschoss, die Schussentfernung, die Sicht als auch der davon beeinflusste Sitz (Auftreffpunkt) des Schusses haben große Bedeutung für die spätere Wildfleischqualität. Der Umstand der höheren Keimgehalte bei Weichschüssen ist bereits im Kapitel Jagdmethoden angeführt. Besonders Rehwild gilt aufgrund seines lockeren Bindegewebes als „schussweich“, d.h. für Rehwild zu starke oder rasante Kaliber verursachen nicht nur umfangreiche Hämatome (Blutergüsse), sondern bei Weichschüssen auch einen Eintrag von Bakterien tief zwischen die Muskelschichten und Faszien. Eine starke Bakterienvermehrung ist dann die Folge.

Trägerschüsse sind zwar wegen des niedrigeren Anfangskeimgehaltes günstig, jedoch wegen des häufig damit verbundenen mangelhaften Ausblutungsgrades (Ausblutung am besten bei Schüssen auf die Herzvorkammern bzw. die damit verbundenen großen Blutgefäße) und besonders wegen der Gefahr eines Drosselschusses nicht unumstritten.
Durch die Einschuss- und Ausschusswunden ist ein vermehrtes Eindringen von Keimen möglich. Anzeichen des Verderbs von Wildbret treten meist an jenen Teilen des Wildkörpers auf, an denen sich Schusswunden befinden. Bei Schüssen auf stark bemuskelte Wildbretteile (z.B. Schlögl) kommt es, besonders wenn das Projektil dabei auf Knochen trifft, zu einer starken Zerstörung der Muskulatur. Schmutz und Bakterien dringen dann von der Oberfläche in die Muskulatur ein und können kurzzeitig zum Verderb führen.

Während bei gutem Schuss, fachgerechtem Aufbrechen und damit niedrigem Ausgangskeimgehalt Wildbret bei 5 °C ca. 18 Tage lagerungsfähig wäre, ist es bei hohem Ausgangskeimgehalt bei derselben Temperatur lediglich 3 bis max. 7 Tage lagerungsfähig.

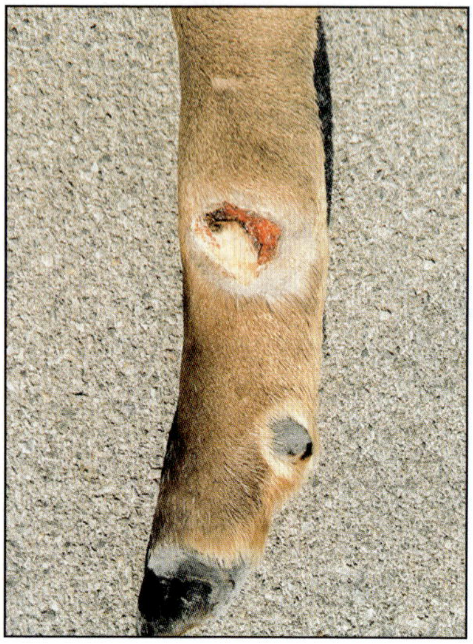

4. Äußerlich feststellbare Veränderungen

Nach den äußerlich feststellbaren Veränderungen, soweit sie beim Ansprechen noch nicht erkennbar waren, wie Hautdasseln, Räude, Verletzungen, Geschwülste, Gelenksentzündungen, Abszesse, Kotverschmutzungen (Durchfall) und dem Sitz des Schusses, richten sich die weiteren Vorgangsweisen ab dem Aufbrechen bis hin zur Wildfleischuntersuchung und Verwertung.

Ältere, nicht mit dem Erlegen zusammenhängende Verletzungen machen eine bakteriologische Fleischuntersuchung notwendig

5. Aufbrechen

Die spätere Wildbretqualität hängt in hohem Maße vom Anfangskeimgehalt der Fleischoberflächen, und diese besonders vom Sitz des Schusses, der Arbeitshygiene beim Aufbrechen und dem Zeitraum zwischen Erlegen und Aufbrechen ab. Wenn man davon ausgeht, dass in einem Gramm Kot/Losung neben zahlreichen anderen Bakterienarten bis über 100 Mio. Colikeime und in einem Gramm Panseninhalt 30 Mio. Bakterien enthalten sind, wird verständlich, dass Verunreinigungen der Fleischoberfläche unbedingt vermieden werden müssen bzw. dass bei Weichschüssen, wo es unweigerlich zu einer hohen Keimbelastung der Oberflächen kommt, neben einer grobsinnlichen Reinigung und großzügigen Entfernung sichtbar verschmutzter Teile eine rasche Kühlung auf unter 7 °C unbedingt notwendig ist, um die weitere Verwendbarkeit zu sichern.

Der Zeitraum zwischen dem Erlegen und Aufbrechen sollte daher möglich kurz gehalten werden, da bekanntlich die Darmbarriere für Bakterien bereits nach ca. 30 bis 45 Min. zusammenbricht und dadurch Keime sowie Gase (abweichender Geruch!) in die umliegende Muskulatur gelangen. In einem gut geführten Mittelgebirgsrevier wurde von uns unter Praxisbedingungen bei 195 zufällig ausgewählten Stück Schalenwild für die bestmögliche Qualitätssicherung ein maximaler Zeitraum zwischen Erlegen und Aufbrechen von durchschnittlich 42 Min. (10 – 180 Min.) ermittelt.

Wie folgende Abbildung zeigt, ist es auch in einem Mittelgebirgsrevier möglich, 96,5 % der Stücke innerhalb einer Stunde nach dem Erlegen aufzubrechen.

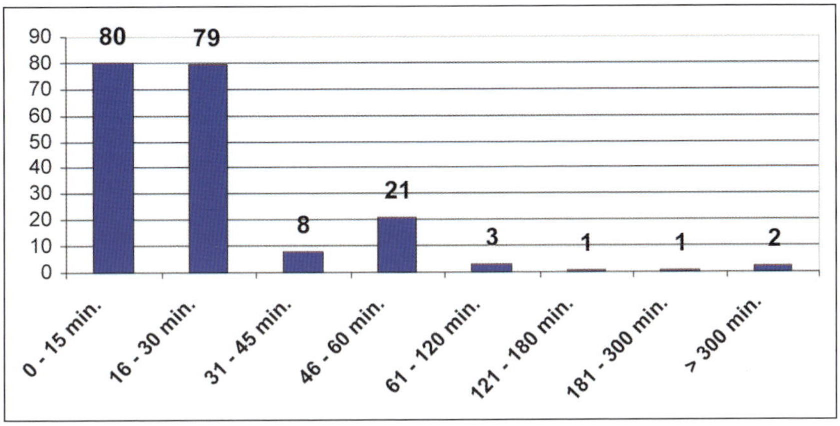

Zeiträume Erlegen – Aufbrechen in einem Mittelgebirgsrevier in Min. (n = 195 Stück Schalenwild)

Wenn trotz aller Bemühungen und Sorgfalt dennoch ein Weichschuss vorliegt, ist das Stück ehestens aufzubrechen, das Bauchfell mit dem anhaftenden Inhalt des Verdauungstraktes durch einen Rundschnitt am Zwerchfellansatz im Ganzen mit zu entfernen, Ein- und besonders Ausschussumgebung großzügig zu entfernen und das Stück rasch zu kühlen. Weitere Details zum Aufbrechen sind im Kapitel „Aufbruchstimmung" angeführt.

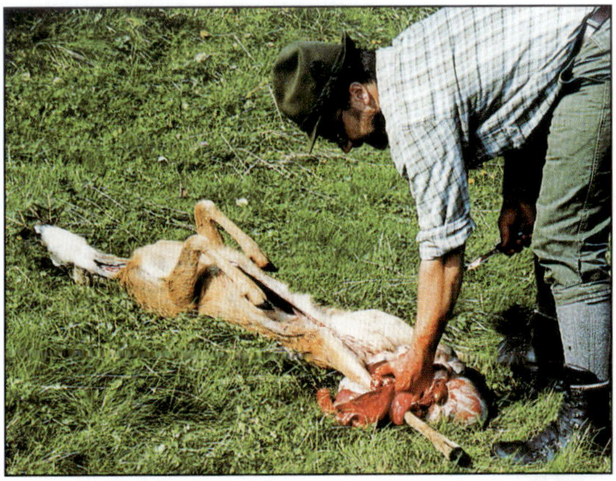

Fehler beim Aufbrechen können zu starker Keimbelastung der Wildfleischoberfläche führen

6. Innerlich feststellbare Veränderungen

Bei Auffälligkeiten im Zuge des Aufbrechens (Organe, Körperhöhlen, Muskulatur) ist entsprechend den Bestimmungen der Wildfleischverordnung zur weiteren Beurteilung des Wildfleisches unbedingt ein Fleischuntersuchungsorgan beizuziehen.

Auffällige Merkmale, die darauf hindeuten, dass das Fleisch gesundheitlich bedenklich sein könnte:

- abnorme Verhaltensweisen und Störungen des Allgemeinzustandes
- Fehlen von Anzeichen des jagdlichen Erlegens als Todesursache (Fallwild)
- Geschwülste oder Abszesse, wenn sie zahlreich oder verteilt in den Eingeweiden oder der Muskulatur vorkommen
- Schwellungen der Gelenke oder der Hoden, Leber- oder Milzschwellungen, Darm- oder Nabelentzündungen
- Fremdinhalt in den Körperhöhlen, (Magen/Darminhalt, Harn oder Eiter), wenn das Brust- oder Bauchfell verfärbt ist und nicht von der Jagd herrührende Fremdkörper
- Parasitenbefall (Unterhautdasseln, hochgradiger Endo- oder Ektoparasitenbefall)
- erhebliche Gasbildung im Magen-Darmkanal mit Verfärbung der Eingeweide
- erhebliche Abweichungen der Muskulatur in Farbe, Konsistenz oder Geruch
- alte, offene Knochenbrüche, die nicht unmittelbar mit dem Erlegen in Zusammenhang stehen
- erhebliche Abmagerung (Auszehrung), Schwund einzelner Muskelpartien oder generalisierte oder lokalisierte Ödeme
- frische Verklebungen oder Verwachsungen von Eingeweiden mit Brust- oder Bauchfell oder sonstige erhebliche sinnfällige und großflächige Veränderungen (z.B. stickige Reifung, beginnende Verwesung)

Vergrößerte Milz

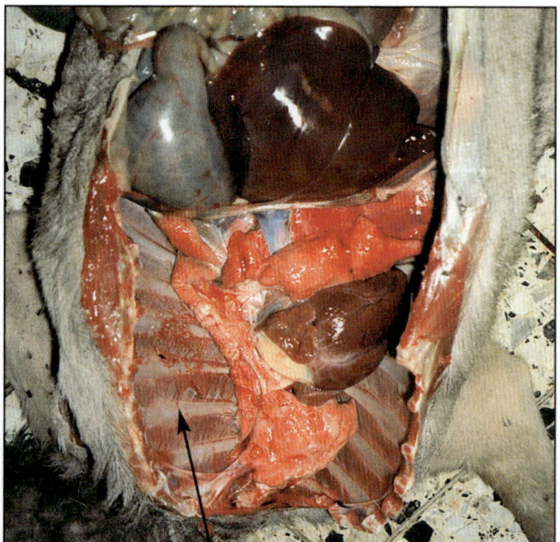

Rippenfellentzündung

7. Ausbluten („Ausschweißen“), Reinigen

Dabei sind geringgradige Verunreinigungen bzw. anhaftendes Blut zu entfernen, was bei noch warmen Tierkörpern mit Wasser von Trinkwasserqualität (nicht abrinnendes Wasser verdampft; der Tierkörper muss jedoch unbedingt hängen, um eine Pfützenbildung in den Körperhöhlen zu vermeiden) erfolgen soll beziehungsweise bei bereits abgekühlten Tierkörpern durch Abtragen der kontaminierten Stellen mit dem Messer zu geschehen hat. Gröbere Verunreinigungen (z.B. nach Weichschüssen) sind großzügig mit dem Messer auszuschneiden oder abzutragen. Ein Abwischen von Fleisch mit Tüchern ist zu vermeiden, da einerseits die Keime lediglich auf der Oberfläche verteilt werden und Wischtücher selbst schon extrem hohe Keimgehalte aufweisen können, die dann die Oberfläche noch zusätzlich verunreinigen. Die Verwendung von Gras, Laub, Reisig und ähnlichen Materialien zur Reinigung der Körperhöhlen ist aus hygienischer Sicht absolut unstatthaft und gehört der Vergangenheit an.

8. Auskühlen

Nur ein unverzügliches Aufbrechen ermöglicht die notwendige Kühlung des Wildkörpers. Das Auskühlen des Wildkörpers sowie das Abtrocknen der Körperhöhlenoberflächen muss, vor Insekten geschützt, im Hängen stattfinden. Die Lagerung des Wildes darf keinesfalls liegend erfolgen, da es ansonsten zu Pfützenbildung mit starker Keimvermehrung in den Leibeshöhlen und in der Folge zur stickigen Reifung bzw. Fäulnis des Fleisches (meist die den Boden berührende Schlögl- und Schultermuskulatur) kommen kann. Ein Drosselschnitt (Entfernung von Luft- und Speiseröhre mit Zunge) ermöglicht das Aufsteigen der warmen Luft aus der Bauch- und Brusthöhle (Kamineffekt) und damit ein rascheres Auskühlen und verhindert ein Stickigwerden der Trägermuskulatur.
Beim Auskühlen im Winter ist aber ein Gefrieren des Wildbrets zu vermeiden!

9. Transport

Erlegtes Wild ist ehebaldigst nach dem Erlegen in eine Wildkammer, Sammelstelle oder in einen Wildverarbeitungsbetrieb zu verbringen, sofern keine eigene Kühlmöglichkeit vorhanden ist. Die Bestimmungen für den Transport von erlegtem Wild sind abhängig von der weiteren Verwendung. Wildbret darf an für den innergemeinschaftlichen Handel zugelassene Betriebe nur mit einer maximalen Kerntemperatur von +7 °C transportiert werden. Die Transporter müssen so eingerichtet sein, dass die vorgeschriebene Temperatur des Fleisches eingehalten werden kann, das Wild muss hängend transportiert werden. Die Verbringung von erlegtem Haarwild, welches für die Direktvermarktung bestimmt ist bzw. an den Wildeinzelhandel geht und die nicht länger als 2 Stunden dauert, ist von diesen Bestimmungen ausgenommen.

Sonniges Hängen fürs Foto – dann ab in den Schatten bzw. die Wildkammer

Analog zu den Transportvorschriften für Wildbret zu Sammelstellen und Wildverarbeitungsbetrieben wird, sofern kein geeigneter Kühlraum vorhanden ist, auch für die Direktabgabe von Wildbret ein Transport bis maximal 12 Stunden nach dem Erlegen empfohlen. Bei der Direktvermarktung ist zu berücksichtigen, dass der Jäger als Inverkehrbringer von Lebensmitteln sowohl den lebensmittelhygienischen Bestimmungen als auch der Produkthaftung unterliegt.
Körperwarmes Wild nach dem Erlegen darf nicht in wasserdampfundurchlässigen Folien oder Säcken, in Schweißeinlagen und auch nicht übereinander geschichtet transportiert werden – stickige Reifung wäre die Folge!

10. Kühlung, Lagerung, Verarbeitung

Die Einhaltung der bisher ausgeführten Maßnahmen verhindert eine Oberflächen- oder Tiefenfäulnis der Muskulatur, die bei verunreinigten Wildkörpern und Temperaturen von über 10 °C innerhalb eines Tages ablaufen können. Zu beachten ist jedoch, dass sich einige Bakterienarten bis um den Gefrierpunkt (Listerien ab –0,4 °C, Yersinien ab –1,3 °C) und Hefen sowie Pilze noch zwischen –10 °C und –15 °C vermehren können, ihre Vermehrungsrate aber erst bei höheren Temperaturen stark zunimmt. Deshalb ist im Interesse einer entsprechenden Haltbarkeit sowohl ein niedriger Ausgangskeimgehalt als auch eine rasche Kühlung notwendig. Bei fehlender eigener Möglichkeit der Kühlung zwischen +1 °C und +7 °C müssen erlegte, aufgebrochene Stücke daher umgehend in eine Sammelstelle verbracht werden, da Haarwild nach dem Erlegen ehebaldigst auf unter +7 °C zu kühlen ist.

Wildkörper müssen nach dem Erlegen innerhalb einer angemessenen Zeitspanne auf nicht mehr als **7 °C** abgekühlt werden (Eingeweide auf nicht mehr als **+ 3°C**). Soweit es die klimatischen Verhältnisse erlauben, ist eine aktive Kühlung nicht erforderlich; Vermarktung binnen **7 Tagen** nach dem Erlegen.

„Aufbruchstimmung"
Aufbrechen bestimmt die Wildbretqualität

Mit der beginnenden Jagdzeit auf Schalenwild sollten sich die Gedanken nicht nur um den einen oder anderen heimlichen Rehbock oder lang ersehnten Hirsch ranken, sondern auch Überlegungen zu möglichen Verbesserungen in der Versorgung jedes einzelnen erlegten Stückes umfassen. Dass weitere Verbesserungen möglich sind, wird spätestens bei Besichtigungen von Sammelstellen oder Zerlegebetrieben augenscheinlich. Eine „Aufbruchstimmung" vom Aufbrechen bis zum Transport in die Sammelstelle und damit einen kleinen Beitrag zur Qualitätssteigerung und -sicherung von Wildbret soll folgendes Kapitel vermitteln.

Das Aufbrechen erlernt ein Jungjäger günstigenfalls nicht aus einem Buch, er sucht sich besser einen versierten „Lehrprinzen", der ihm die ersten Male über die Schulter schaut und beratend zur Seite steht. Im Folgenden soll weniger das Aufbrechen schrittweise beschrieben, sondern einzelne Schwachstellen und Fehlermöglichkeiten mit nachteiliger Wirkung auf die spätere Wildbretqualität angeführt werden. Dabei sind neben dem Gesundheitszustand und Alter des erlegten Stückes, das verwendete Kaliber, der Sitz des Schusses, ein unmittelbares und fachgerechtes Aufbrechen, die Umgebungstemperatur bei der Erlegung, eine schonende Bringung sowie ebensolcher Abtransport und eine rasche Abkühlung des Wildkörpers hauptsächliche Einflußfaktoren auf die Qualität.

Aufbrechen rasch nach dem Erlegen

Der Zeitraum zwischen Erlegen und Aufbrechen sollte möglich kurz gehalten und keinesfalls unnötig verzögert werden (Auswandern von Bakterien durch die Darmwand bereits ca. 30 bis 45 Min. nach dem Erlegen). Bei länger transportierten Schlachtschweinen wurden bakterielle Besiedlungen der Muskulatur über den Blutweg unter Einfluss von Stresshormonen schon vor der Schlachtung nachgewiesen – auch bei vor dem Schuss beunruhigtem Wild bzw. nachgesuchtem Wild sind diese Hygienerisiken mit zu berücksichtigen. Im Schockzustand (z.B. angeschweißtes Stück) werden außerdem Blutgefäße der Darmwand durchlässig für Bakterien, die über den Blutstrom die Muskulatur erreichen. Bei Weichschüssen ist unmittelbar eine bakterielle Kontamination der umliegenden Muskulatur gegeben.

Zum Aufbrechen sucht man sich einen geeigneten Platz im Revier (von wo das aufgebrochene Stück – wegen der Verschmutzungsgefahr – nicht mehr weit zu ziehen ist) oder man bricht das Stück in einem dafür bestimmten Raum auf. Beim Aufbrechen im Revier erleichtert besonders bei stärkerem Wild eine richtige Positionierung des Stückes die Arbeit enorm. Bei Trophäenträgern kann das Geweih/Gehörn zusätzlich zur stabilen Fixierung in Rückenlage mithelfen. Die Frage nach der besseren Aufbrechtechnik zwischen „Ringeln“ (Umschneiden der Analöffnung) oder Öffnen des Schlosses (= Beckennaht; „Schlösseln“) kann nicht eindeutig beantwortet werden, da beide Methoden gewisse Vorzüge, aber auch Nachteile haben. Grundsätzlich ist jene Methode die bessere, die man besser beherrscht. Beim Ringeln wird die innere Schlögelmuskulatur nicht durch unsachgemäßes Arbeiten (Abkommen von der Mittellinie, Verschmutzung) gefährdet. Die Schlögelmuskulatur trocknet auch nicht oberflächlich aus bzw. verfärbt sich nicht. Dafür besteht jedoch bei ungeübtem Vorgehen die Gefahr der Verunreinigung der Beckenhöhle mit Kot durch Anschneiden des Rektums („Weiddarmes“) bzw. mit Harn bei Verletzung der Harnblase. Das Öffnen des Schlosses (Beckensymphyse) gewährleistet ein übersichtliches Arbeiten und nachfolgend rasches Auskühlen, birgt jedoch die oben angeführten Gefahren einer Verunreinigung. Ein Öffnen der „Brandadern“ (V. iliaca externa und interna) ist nicht nötig, da dies zu keinem besseren Ausblutungsgrad der Muskulatur führt (da das Herz nicht mehr schlägt), sondern lediglich das Abrinnen gestauten Blutes aus den großen Beckengefäßen ermöglicht. Beim Anstechen der Brandadern können aber – besonders bei ungeübtem Vorgehen – Keime in die umliegende Muskulatur gelangen. Immer häufiger setzt sich beim Aufbrechen das durchgehende Öffnen des Wildkörpers vom Becken bis zum Kinnwinkel einschließlich des Brustkorbes sowie das Herauslösen der Zunge durch. Derartig aufgebrochene Stücke sind natürlich besonders sorgsam zu transportieren, um nicht die großflächig geöffneten

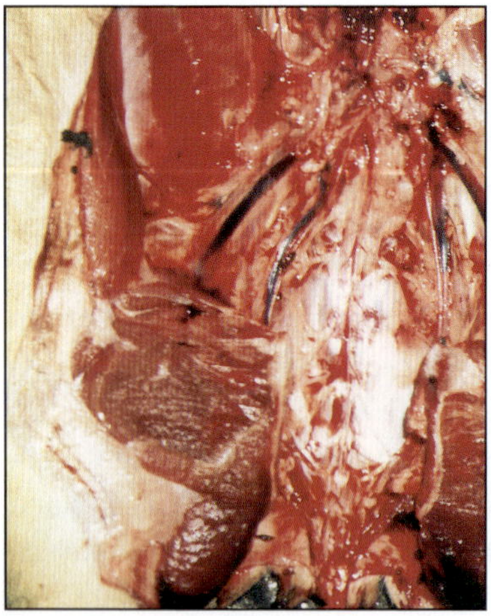

Das Öffnen der Brandadern ist überflüssig

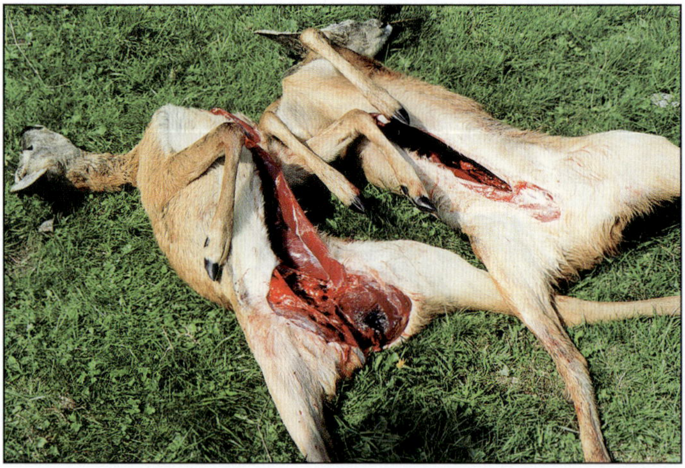

Sowohl das Öffnen des Schlosses als auch das „Ringeln“ haben Vor- und Nachteile

Körperhöhlen zu verschmutzen. Im Mai/Juni treten besonders bei Rehwild parasitär oder ernährungsbedingte Durchfälle auf, was im Rahmen der Aufbrechhygiene besondere Sorgfalt erfordert.

Erst durch ein rasches Aufbrechen wird eine Kühlung des Wildkörpers möglich. Das Auskühlen des Wildkörpers sowie das Abtrocknen der Körperhöhlenoberflächen sollte im Hängen erfolgen. Ein Drosselschnitt ermöglicht das Aufsteigen der warmen Luft aus der Bauch- und Brusthöhle (Kamineffekt) und damit ein rascheres Auskühlen und verhindert ebenso ein Absticken der Trägermuskulatur.

Aufbrechen bei Weichschüssen

Bei Weichschüssen oder bei Austritt von Vormagen-/Magen-/Darminhalt während des Aufbrechens in die Bauchhöhle ist nach einem Rundschnitt am Zwerchfellansatz das Bauchfell mit zu entfernen. Verunreinigte Teile um Ein- und besonders Ausschuss sind bei Weichschüssen großzügig abzuschärfen. Die noch warme und von sichtbaren Verunreinigungen befreite Brust- und Bauchhöhle soll mit Wasser (von Trinkwasserqualität) ausgespült und der Wildkörper zum Abfließen des Wassers aufgehängt werden, damit die Oberfläche rasch abtrocknet. Untersuchungen zeigten, dass bei weich geschossenen Stücken ein fachgerechtes Aufbrechen und eine rasche Kühlung den frühzeitigen Verderb um ca. 3 Tage, nach denen sie spätestens zubereitet oder eingefroren werden sollten, hinauszögern kann.

Aufbrechen bestimmt Haltbarkeit

All diese Maßnahmen verhindern eine Oberflächen- oder Tiefenfäulnis der Muskulatur, die bei verunreinigten Wildkörpern und Temperaturen von über 10 °C innerhalb eines Tages ablaufen können. Für eine entsprechende Haltbarkeit ist also ein niedriger Ausgangskeimgehalt und eine rasche Kühlung notwendig. Nach der Versorgung müssen erlegte Stücke daher bei fehlender eigener Möglichkeit der Kühlung zwischen +1 °C und +7 °C umgehend in eine Sammelstelle verbracht werden.

Bei Auffälligkeiten im Zuge des Aufbrechens ist entsprechend der Wildfleischverordnung unbedingt ein Fleischuntersuchungsorgan beizuziehen. Hier wird nochmals auf die Verantwortung des Erlegers und der kundigen Person sowie auf ihre Haftung bei fahrlässigem Handeln hingewiesen. Mit Hilfe der heute zur Verfügung stehenden Labormethoden ist es bei Ausbrüchen von Lebensmittelinfektionen zunehmend möglich, das ursächlich verantwortliche Lebensmittel zu identifizieren und damit den Inverkehrbringer zur Rechenschaft zu ziehen.

Aufbrechen Schritt für Schritt

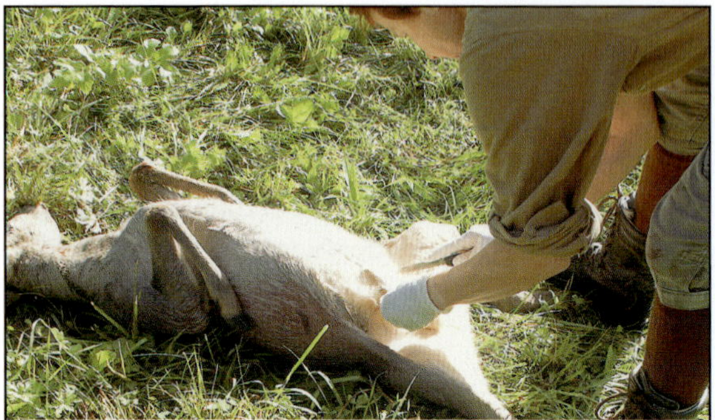

Bei männlichen Stücken Bauchdeckenschnitt entlang der Brunftrute

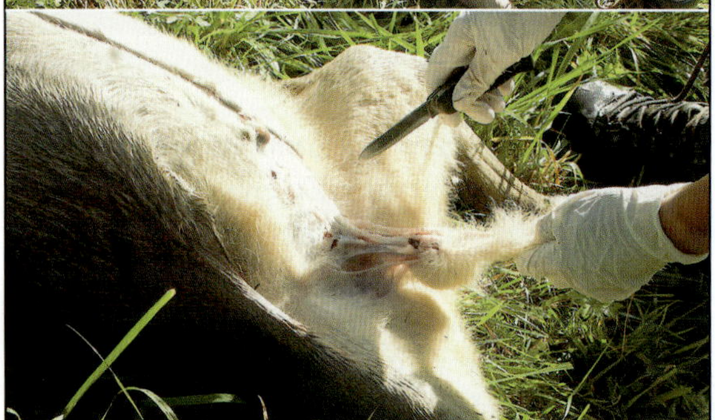

Zurückschlagen der Brunftrute und Brunftkugeln

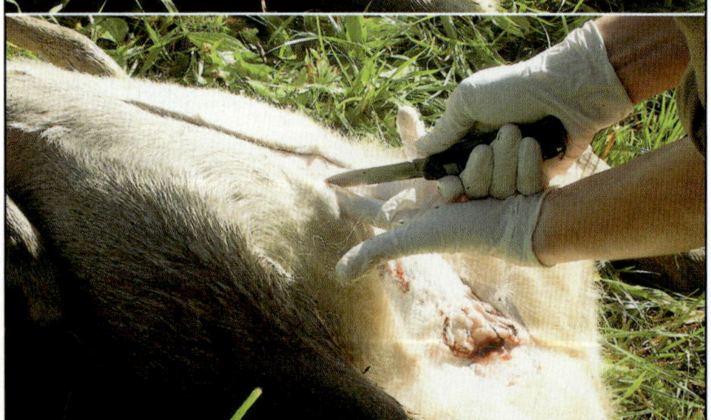

Vorsichtiges Eröffnen der Bauchhöhle, Schnitt nach vorne unter Fingerschutz (verhindert das Anschneiden von Baucheingeweiden)

Schnitt entlang dem Brustbein bis zum Träger

Schnitt über der Drossel (Luftröhre) bis zwischen die Unterkieferäste

Herauslösen von Lecker (Zunge), Drossel und Schlund (Speiseröhre)

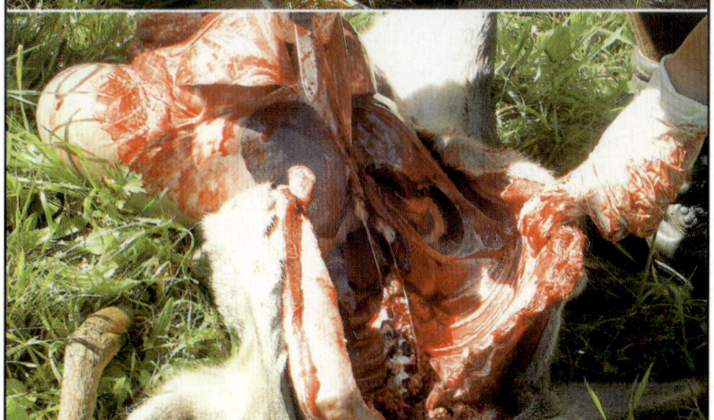

Durch Zug werden Brust- und Baucheingeweide nach hinten gezogen, nachdem das Zwerchfell am Ansatz umschnitten wird

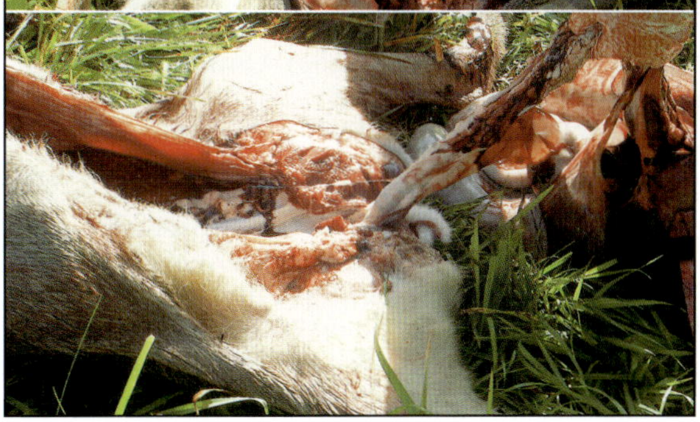

Nach dem Öffnen des Schlosses werden Weiddarm (Mastdarm) und Blase aus dem Becken gelöst

Beurteilungshilfe zur Klassifizierung von Wild in Decke

Nachfolgende Einteilung (Kategorien I bis IV) für die Klassifizierung von Reh-, Rot- und Gamswild ist als Beurteilungshilfe für kundige Personen konzipiert. Dieser Katalog soll ihnen als Unterstützung dienen, um dem Verfügungsberechtigten weitere notwendige Schritte plausibel zu machen bzw. bei untauglichen Stücken eine freiwillige Entsorgung anzuraten.

	Befund	Beispiele	Beurteilung
I	Kein Fremdinhalt in den Körperhöhlen, guter Ernährungszustand, keine Verschmutzung der Schlögelinnenflächen, keine weiteren Auffälligkeiten	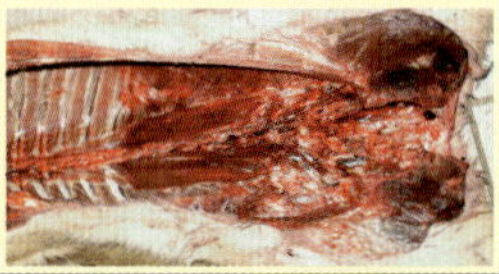	Keine Auffälligkeiten, **unbedenklich**
II	Geringgradig **Fremdinhalt** in den Körperhöhlen bzw. ggr. **Verschmutzung** der Schlögelinnenflächen, frischer **Weich-** oder **Laufschuss**, geringgradige **Abmagerung**	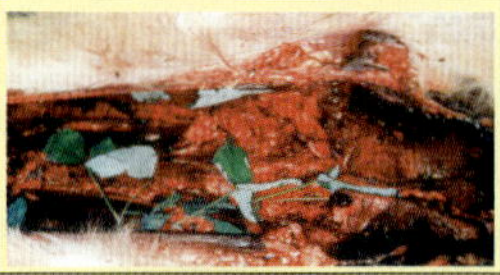	**Abschärfen** („Trimmen") der verschmutzten Fleischpartien
III	Mittelgradige **Verschmutzung** der Körperoberfläche mit Kot infolge Durchfalls; mgr. **Fremdinhalt** (insbesondere Magen-/Darminhalt) in den Körperhöhlen bzw. mgr. Verschmutzung der Schlögelinnenflächen; mgr. **Abmagerung**, **Verklebungen** oder **Verwachsungen** von Organen mit Brust- oder Bauchfell	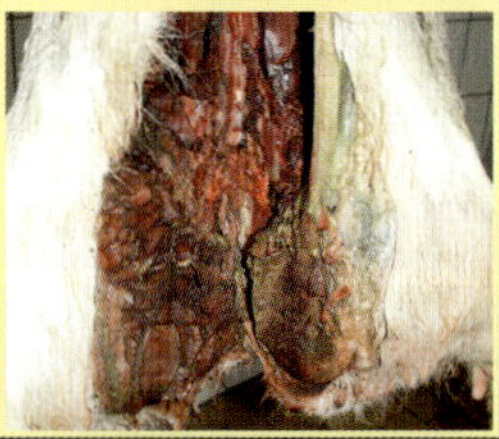	Großflächiges **Abschärfen** der verschmutzten Fleischpartien, Untersuchung durch **Fleischuntersuchungstierarzt** (z.B. bei Verklebungen von Organen)
IV	Hochgradig **Fremdinhalt** in den Körperhöhlen bzw. hgr. **Verschmutzung** der Schlögelinnenflächen; älterer **Weich-** oder **Laufschuss**; **Fliegeneier** bzw. **–maden**; hochgradige (= deutliche) **Abmagerung**; Tierkörper **angefressen** (z.B. von Fuchs, Hund); **Verletzungen** (zahlreich oder eitrig), nicht mit dem Erlegen zusammenhängende **Knochenbrüche**; zahlreiche **Geschwülste** oder **Abszesse**; Schwellung an mehreren **Gelenken**; erhebliche **Abweichungen der Muskulatur** in Farbe, Konsistenz und Geruch, erhebliche **Abweichung von Organen** in Farbe, Konsistenz oder Geruch	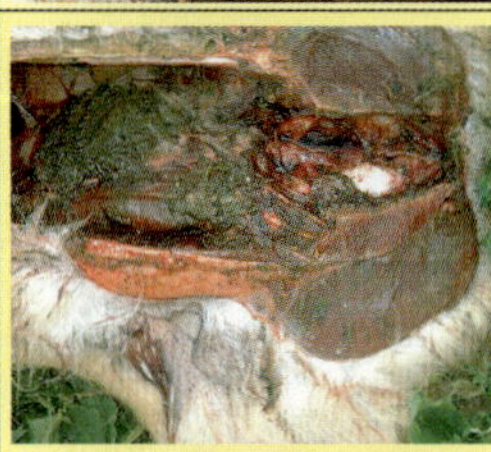 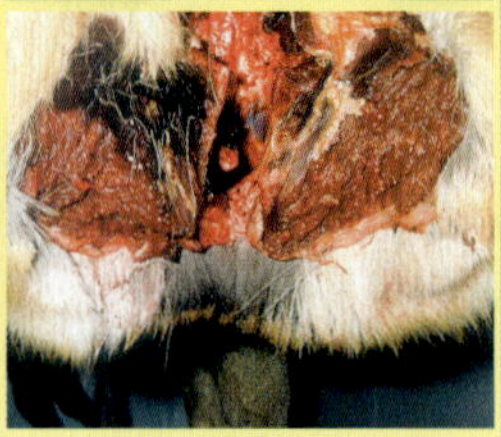	Vorschlag zur **freiwilligen Entsorgung** oder Untersuchung durch **Fleischuntersuchungstierarzt** (i.d.R. bakteriologische Untersuchung notwendig); **Lebensmittelrecht:** *Verdorben*, wenn bestimmungsgemäße Verwendbarkeit wesentlich vermindert oder ausgeschlossen; *ekelerregend* (= gesundheitsschädlich)

Unfallwild - ein Lebensmittel?

Häufig wird über die Verwertbarkeit von Unfallwild diskutiert, zumal in einzelnen Revieren der Verkehr bis über die Hälfte des im Abschussplan festgesetzten Abschusses „tätigt". Allein im Jahr 2003 fielen in Österreich 42.900 Rehe und 32.300 Hasen dem Straßenverkehr zum Opfer. Den rechtlichen Hintergrund zum Thema „Unfallwild" sowie die mit diesem Thema verbundene Gefahr eines Imageschadens für Wildbret beleuchtet folgendes Kapitel.

Lebend aufgefundenes Unfallwild

Für Unfallwild, welches noch lebend aufgefunden wird und mittels Fangschuss erlegt oder geknickt wird, bestehen „Bedenken" gegen das Fleisch und damit ist eine tierärztliche Untersuchungspflicht gegeben, außer der Verfügungsberechtigte entscheidet sich zur Entsorgung des Stückes bzw. zum Eigenverzehr (oder Hundefutter). Der amtliche Tierarzt kann bei seiner Begutachtung den Verdacht bestätigen und den Tierkörper als „untauglich" beurteilen oder Hilfsuntersuchungen (z.B. bakteriologische Untersuchung) veranlassen. Der Tierarzt kann aber auch im Zuge der Begutachtung den Verdacht zerstreuen und das Stück als „tauglich" beurteilen. Falls das Stück tauglich ist, kann es direkt vermarktet werden, darf jedoch nicht in einen zugelassenen Wildbe- und -verarbeitungsbetrieb und somit auch in keine Wildsammelstelle!
Unter „vorschriftsmäßigem Erlegen" sind alle nach den jeweiligen Jagdvorschriften „weidgerechten" Tötungsarten zu verstehen. Damit ist auch tierschutzbedingtes Erlegen, wie z.B. der Fangschuss nach Verkehrsunfällen, als weidgerecht anzusehen. „Bedenken gegen das Fleisch" besteht bei allen Tieren, denen nach einem Kfz-Unfall der Fangschuss gegeben werden musste, allein schon deshalb, da bei diesen Tieren keine „Lebenduntersuchung" (Ansprechen) stattgefunden hat. Für die tierärztliche Fleischuntersuchung sind neben dem Tierkörper die eröffneten Leibeshöhlen und die Brust- und Bauchorgane außer dem Magen-Darmtrakt notwendig. Bei Fehlen eines oder mehrerer der zu untersuchenden Organe ist eine bakteriologische Untersuchung einzuleiten.

Verendetes Unfallwild

Unfallwild, das beim Auffinden bereits verendet war, ist für den Weiterverkauf selbstverständlich „untauglich" und dürfte höchstens vom Jäger noch selbst (= Eigenverzehr im eigenen Haushalt) verzehrt werden, was aber sicherlich nicht geschieht. Eine Weitergabe an den Handel oder eine Direktvermarktung ist damit unmöglich. Selbst ein Verschenken solcher Stücke bedeutet ein „In Verkehr bringen".

Noch „körperwarm"?

Der Argumentation, dass Unfallwild, wenn es noch im körperwarmen Zustand vom Jäger versorgt wird und die Todesursache eindeutig bekannt ist, genauso wie erlegtes Wild zu behandeln wäre, kann aus mehreren Gründen nicht gefolgt werden. Erstens bleibt der „körperwarme Zustand" im Sommer sehr lange und selbst im Winter bei unaufgebrochenen Stücken über mehrere Stunden erhalten. Das Auswandern von Bakterien durch die Darmwand und damit die mikrobielle Kontamination der Umgebung erfolgt aber bereits nach spätestens 45 Minuten, falls nicht überhaupt durch den Unfall – wie beim Weichschuss – Baucheingeweide verletzt worden sind. Zur fehlenden „Lebenduntersuchung" bei Unfallwild ist anzumerken, dass z.B. slowenische Untersuchungen gezeigt haben, dass der Anteil von kranken Stücken bei Unfallwild höher liegt als in der Jagdstrecke. Dies verwundert nicht, da z.B. fiebernde Stücke sicherlich unachtsamer sind und damit leichter verunfallen. Auf die fehlende Lebenduntersuchung wird in diesem Zusammenhang nochmals hingewiesen.

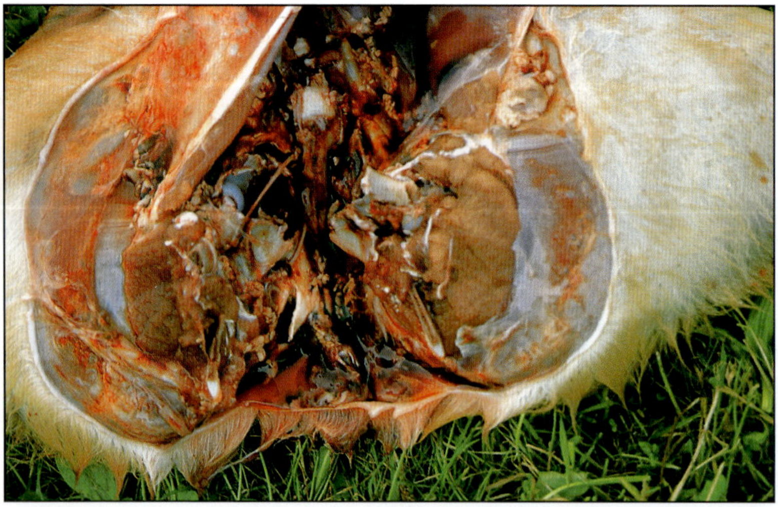

Mehrfacher Beckenbruch und hochgradige Farbveränderung (Stresswirkung!) des Fleisches eines Rehkitzes, welches erst 6 Stunden nach dem Unfall einen Fangschuss erhielt

Anforderungen an Wildkammern und Sammelstellen

Wild soll nach dem Erlegen ehestmöglich versorgt und hygienisch einwandfrei abgekühlt werden. Dies kann entweder in reviereigenen Einrichtungen (Kühlzellen, Wildkammern), in Wildsammelstellen oder in Wildbearbeitungsbetrieben erfolgen. Sammelstellen sind Anlagen, in die Wild aus mehreren Revieren zur Kühlung und Lagerung verbracht wird und die Lagerung bis zur Abholung länger als 24 Stunden dauert.

Unbelüftete, kleine Abstellkammern oder Garagen sind kein geeigneter Aufbewahrungsort für erlegtes Wild und lassen sich nur selten als Wildkammer adaptieren. Neben Neubauten können alte Wirtschaftsräume oder Waschküchen bei entsprechender Größe als Wildkammer umfunktioniert werden. Angesichts der Investitionskosten sollten vor der Inangriffnahme eines solchen Projektes eingehende Überlegungen für die bestmögliche und zweckmäßigste Gestaltung angestrengt werden.

Wildkammer

Die Mindestgröße für Wildkammern sollte 15–20 m^2 (abhängig von den zu erwartenden Wildarten und Mengen) betragen. Neben einer Tür sind wenige (am besten ein) Fenster an der Schattenseite des Gebäudes günstig. Zum Lüften soll das Fenster gekippt werden können; ein Fliegengitter soll das Eindringen von Ungeziefer verhindern (v.a. Fleischfliegen). Boden und Wände müssen leicht zu reinigen sein (Fliesen, Kunststoffbodenbelag, wasserfester, abwaschbarer Anstrich). Die notwendige Höhe des Raumes ist abhängig von den zu erwartenden Wildarten, sie soll zwischen 2,70 und 3 m betragen. Wegen ihrer geringen Höhe sowie der Erwärmung im Sommer sind Fertiggaragen als Wildkammern nicht geeignet. Für das Aufhängen der Wildkörper müssen Laufschienen oder Haken vorhanden sein. Eine Waage sowie ein Aufzug oder Flaschenzug sind empfohlene Hilfsmittel. Ideal für Hochwildreviere ist es, wenn eine Kettenzugschiene als Verlängerung der Laufschiene an der Decke aus der Wildkammer über die Tür hinaus ins Freie ragt, da man auf diese Weise das Wild direkt aus dem anliefernden Fahrzeug aufnehmen und in die Wildkammer schieben kann.

Unerlässlich ist das Vorhandensein eines Wasseranschlusses für ein Handwaschbecken und einen Schlauch (mit Aufhängevorrichtung). Das Eintrocknen des abtropfenden Blutes am Boden wird durch mehrmaliges Ausspritzen mit kaltem Wasser verhindert. Dies darf aber keines-

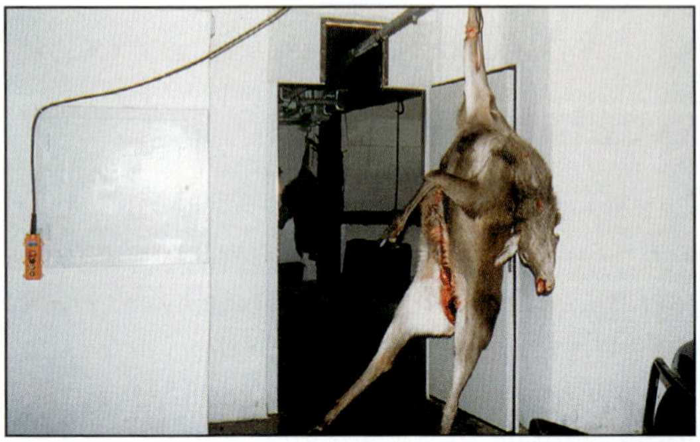

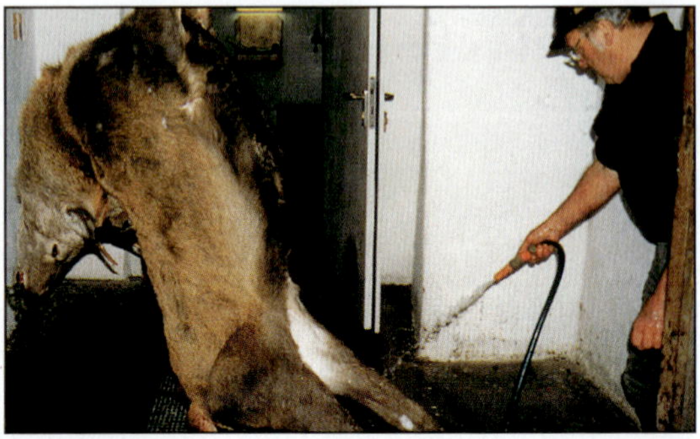

Ein Aufzug mit Rohrbahn erleichtert das Ausspülen und den Transport in die Wildkammer.

Der Boden wird mit Gummischieber abgezogen

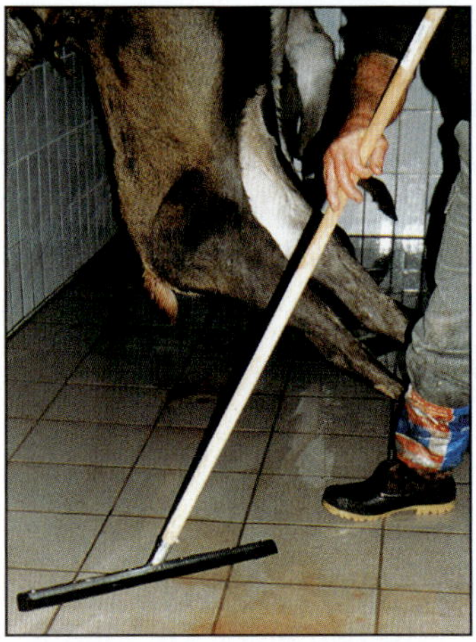

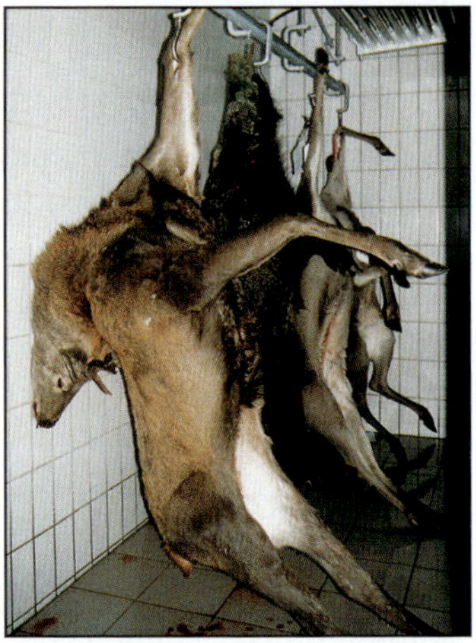

falls mit einem scharfen Strahl erfolgen, da sonst Schmutz vom Boden zu den Wildkörpern hochgewirbelt wird – (Aerosolbildung!). Um dabei einer zu hohen Luftfeuchtigkeit vorzubeugen, ist es zweckmäßig, den Boden nach dem Abschwemmen mit einem Gummischieber trocken zu wischen. Zwar nicht gefordert, aber hilfreich ist ein an der tiefsten Stelle des Fußbodens angebrachter Abfluss (Gully) mit möglichst großer Öffnung; ein Siebkorb fängt Haare, Feist- und Wildbretstücke, Laub usw. auf und verhindert auch das Eindringen von Mäusen und Ratten.

Viele reviereigene Wildkammern zur kurzfristigen Lagerung von erlegtem Wild wurden in den letzten Jahren renoviert und mit Kühlzellen ausgestattet und sind damit – wie Sammelstellen – auch für eine längere Lagerung von Wild geeignet, was nicht zuletzt im Rahmen der steigenden Direktvermarktung wesentlich ist.

Falls in der Wildkammer keine Kühlmöglichkeit auf –1 bis +7 °C besteht (Kühlzelle, Kühlraum), muss das Wild ehest möglich in eine Wildsammelstelle. Solche Sammelstellen sind meist bei gewerblichen Einkäufern etabliert oder können z.B. von Großrevieren, Hegeringen oder Reviergemeinschaften eingerichtet und betrieben werden.

Wildsammelstelle

Ausstattung einer Wildsammelstelle: Die Fußböden müssen aus flüssigkeitsundurchlässigem, leicht zu reinigendem und desinfizierendem, nicht verrottbarem Material (Kunststoffbelag, Fliesen) bestehen. Zur Vermeidung von Geruchsbeeinträchtigungen sollte das Wasser zu Abflüssen abgeleitet werden, die mit Siphonen versehen sind. Da in solchen Wildsammelstellen Wild lediglich gelagert und nicht be- oder verarbeitet wird, genügen jedoch Einrichtungen, die ein leichtes Entfernen des Wassers ermöglichen. Die Räume müssen glatte, feste wasser- und luftundurchlässige Wände haben, die bis zu einer Höhe von 2 m, mindestens aber bis in Lagerungshöhe mit einem hellen, abwaschbaren Belag oder Anstrich (bzw. Fliesen, Kunststoff- oder Nirostapaneelen) versehen sind. Auch die Decken müssen leicht zu reinigen sein und sauber gehalten werden. Ecken und Kanten sind so auszuarbeiten, dass eine einwandfreie Reinigung leicht möglich ist (z.B. Hohlkehlen). Die Türen müssen eine weitgehend verschleiß- und korrosionsfeste, glatte, wasserundurchlässige und leicht zu reinigende Oberfläche haben (Holztüren zumindest beschichten!) und dicht sein, um ein Eindringen von Ratten, Mäusen, Schaben sicher zu verhindern. Weiters sind ausreichende Vorrichtungen zur Be- und Entlüftung sowie zur gründlichen Dunstabscheidung (Entnebelung) gefordert. Ein Thermometer zur Überprüfung der Funktion des Kühlaggregates, welches die erforderlichen Kühltemperaturen nach der Beschickung des Kühlraumes raschest zu gewährleisten hat, muss ebenfalls vorhanden sein. Für die Lagerung von 1 Tonne Schalenwild ist eine Kühlraumfläche von 10 m^2 (= Rauminhalt von ca. 30 m^3) bei Rohrbahnausrüstung zu veranschlagen. Eine ausreichende Beleuchtung ist vorzusehen.

Lagerungsbestimmungen in Wildsammelstellen
Schalenwild in Decke: -1 °C bis +7 °C (max. 7 Tage). Stücke ohne Wildbretanhänger sind **untauglich**, weil ihre Herkunft nicht bekannt ist und Bestätigungen für das Freisein von Auffälligkeiten (Lebenduntersuchung, Aufbrechen, Organuntersuchung) fehlen.

Die gemeinsame Unterbringung von Wild in der Decke mit bereits aus der Decke geschlagenem Wild sowie enthäuteten Schlachtkörpern von Haustieren in Sammelstellen ist aus hygienischen Gründen nicht gestattet. Die Be- und Verarbeitung von Wild (z.B. aus der Decke schlagen, Zerwirken) muss in eigenen Räumen erfolgen. Die Hygienebestimmungen für sogenannte Wildfleischbearbeitungsbetriebe finden sich im Anhang zur Wildfleisch-Verordnung. Eine einfache Checkliste zur Überprüfung von Sammelstellen durch den Fleischuntersuchungstierarzt (Kontrolluntersuchung) sowie zur Eigenkontrolle wird in nachfolgender Checkliste vorgeschlagen.

Checkliste zur Überprüfung von Wildsammelstellen

☐ **Räumliche Ausstattung**
- ☐ ausreichende Größe (ca. 10 m^3 bzw. 30 m^3 für 1 Tonne Wild)
- ☐ abwaschbare Beläge oder Anstriche (mind. 2 m bzw. Lagerhöhe)
- ☐ leicht zu reinigende Ecken (Hohlkehlen)
- ☐ leicht zu reinigender Fußboden
- ☐ Decken leicht zu reinigen und sauber
- ☐ ausreichende Beleuchtung (für Fleischuntersuchung mind. 540 Lux)
- ☐ Türe - leicht zu reinigen und abwaschbar
- ☐ gesamte Räumlichkeit leicht zu reinigen und desinfizieren
- ☐ ausreichende Belüftung

☐ **Überprüfung der Kühlraumtemperatur;** erfolgt eigene Überwachung? (Eigenkontrolle)

☐ **Kontrolle der Lagerordnung**

☐ **Kontrolle der vorhandenen Tierkörper**
- ☐ ausschließlich Wild in der Decke (hängend)
- ☐ hygienische Beschaffenheit
  - ☐ Kontamination (Verschmutzung) der Leibeshöhlen
  - ☐ Geruchsabweichungen
- ☐ Temperaturkontrolle
  - ☐ –1 °C bis +7 °C nicht gefroren

☐ **Möglichkeiten der Händereinigung**

☐ **Verladekontrolle**
- ☐ Kontrolle des Transportfahrzeuges
  - ☐ Laderaumtemperatur
- ☐ Kontrolle der Art der Verladung
  - ☐ hängend
- ☐ Beladedichte
- ☐ ausschließlich Wild in der Decke

Niederwild hygienisch versorgen

Wurden in den letzten Jahren in der Behandlung des Wildbrets von Schalenwild einige Fortschritte erzielt, wird erlegtes Niederwild noch nicht immer als Lebensmittel behandelt. Und dies, obwohl der auf Niederwild übliche – aber hygienisch nicht unproblematische – Schrotschuss und das relativ häufige Vorkommen von auch auf den Menschen übertragbaren Krankheiten besondere Sorgfalt erfordern würden. Auch die Diskussion um Bleischrot aus lebensmitteltoxikologischer Sicht sollte Jäger interessieren.

Fast 1.000 Tonnen Niederwild!

Im Jagdjahr 2002/03 fielen allein in Österreich rund folgende Wildbretgewichte (in Tonnen!) als Niederwildstrecke an: Feldhasen 650 t, Fasane 184 t, Wildenten 74 t, Wildtauben 6 t, Rebhühner und Wildgänse je 4 t, Kaninchen 3 t und Schnepfen 1 t. Dieses wertvolle und schmackhafte Lebensmittel sollte auch als solches behandelt werden.

Hygienischer und weidgerechter Transport von Niederwild

Die Wildbrethygiene beginnt auch beim Niederwild bereits beim Ansprechen bzw. bei der Besichtigung der Strecke, d.h. offensichtlich kranke oder deutlich abgemagerte Stücke sollten bereits auf dem Wildwagen abgesondert von gesunden Stücken gelagert und entsorgt werden. Die Lagerung am Wildwagen hat hängend und luftig zu erfolgen, der Wagen soll zwischen den Trieben möglichst im Schatten stehen und bei mildem Herbstwetter auch zwischendurch Wild in die Wildkammer bringen. Eine Wildkammer, eine Kühlzelle oder ein

Wildkühlraum verfehlt aber seine Bestimmung, wenn Niederwild in diesen Räumen haufenweise am Boden gelagert wird. In Deutschland wurde mit der Geflügelfleischhygieneverordnung 1997 vorgeschrieben, dass Federwild nach dem Erlegen unmittelbar ausgeweidet und auf +4 °C herabgekühlt werden muss. Unter jagdlichen Gegebenheiten, d.h. ohne schuldhaftes Zögern, ist unter „unmittelbar“ bzw. „unverzüglich“ bei Haarwild ein Zeitraum von 3 Stunden zu verstehen (BERT, 1999). Verglichen mit Schalenwild hat eigentlich nahezu jedes Stück Niederwild einen „Weichschuss“ mit massiven Verletzungen u.a. im Bereich der Baucheingeweide, was ein entsprechend rasches Auswerfen auf alle Fälle rechtfertigt.

Auffälligkeiten und Krankheiten sind häufig

Jagdbare Niederwildarten können Infektionsquellen für Zoonosen (Zoonosen sind Krankheiten und Infektionen, die in natürlicher Weise zwischen Menschen und Wirbeltieren übertragen werden) darstellen. Als bedeutendste Zoonosen des Niederwildes gelten Brucellose, Tularämie, Leptospirose, Salmonellose und Campylobacteriose. Häufiges Symptom der beiden erstgenannten Zoonosen sind zahlreiche stecknadel- bis erbsengroße Abszesse in verschiedenen Innenorganen. Neben dem direkten Kontakt mit Wildtieren kann unzureichend gegartes Wildfleisch insoferne problematisch werden, als die Kerntemperaturen dieser Gerichte keine Keimabtötung gewährleisten. Die früher als „haut gout“ bezeichnete Geruchs- und Geschmacksrichtung von Niederwild, welches mindestens einige Tage unausgeweidet im Keller oder Dachboden abhing, war ausschließlich auf bakterielle Verderbnis zurückzuführen.

In einer serologischen Untersuchung von Jägern konnten bei einigen von ihnen Antikörper gegen Leptospiren, Brucellen und gegen den Erreger der Tularämie nachgewiesen werden (DEUTZ, 2004). Der unhygienische Umgang mit Feldhasen ist neben Schwarzwildkontakten als Hauptinfektionsquelle anzusehen.

Vorgeschlagene Maßnahmen

Vorschläge zur Steigerung der Wildbrethygiene im Umgang mit Niederwild und auch zur Minimierung der potentiellen Infektionsgefahren resultierten hauptsächlich aus dem relativ häufigen Vorkommen relevanter Erkrankungen beim Feldhasen (DEUTZ, 2000):

1. Feldhasen sollten **nach der Jagd** möglichst von kundigen Personen in einem geeigneten Raum **ausgeworfen** und dabei sorgfältig auf Auffälligkeiten untersucht werden. Hasen, die Auffälligkeiten zeigen, sind zu separieren, einem Fleischuntersuchungsorgan vorzustellen oder, falls der Verfügungsberechtigte sich dazu entschließt, unschädlich zu beseitigen (Tierkörperverwertung).

2. Spätestens bei **Vorliegen von Veränderungen** (wie Abszesse in Leber, Milz, Lunge oder Darm, Hodenvergrößerung) sollten beim Auswerfen **Handschuhe** verwendet werden. Zur laufenden Information über den Gesundheitszustand des regionalen Wildtierbestandes sollten regelmäßig auffällige erlegte, von Hunden abgefangene oder gefundene Stücke an spezialisierte Untersuchungsstellen gesandt werden.

3. Flugwild ist ebenfalls **ehebaldigst** nach der Jagd **auszuweiden** (über einen kurzen Schnitt durch die Bauchdecke ausgehend von der Kloake), zusätzlich ist bei Hühnervögeln und Wildtauben der Kropf zu entfernen und das Wild möglichst bald zu kühlen, was auch zumindest zur Halbzeit eines warmen herbstlichen Jagdtages zu geschehen hätte, da vormittags erlegtes und unausgeworfenes Niederwild bei einer Lagerung am Jagdwagen bis zum späten Nachmittag auf alle Fälle mikrobiell verdorben ist. Das früher geübte „Aushakeln" von Niederwild ist abzulehnen, weil dabei immer der Darm durchstoßen und abgerissen und die Köperhöhle hochgradig verschmutzt wird.

4. Grundsätze der Hygiene (Händewaschen nach Kontakten, um z.B. Schmierinfektionen beim Rauchen nach dem Hantieren mit Niederwild zu vermeiden) und auch der Küchenhygiene sind auf alle Fälle einzuhalten.

5. Verzicht auf „nouvelle cuisine" („rosa Entenbrust" oder „rosa Hasenrücken" – also nicht durchgegart) zumindest bei Wild unbekannter Herkunft sowie mit unbekannter Lagerdauer und Kühltemperatur.

6. Einhaltung der gesetzlich vorgeschriebenen **Trichinenuntersuchung** auch bei Füchsen, Dachsen (roher Dachsschinken!) und Nutria, falls sie als Lebensmittel dienen sollen.

7. Bei Übertragungsmöglichkeiten von **Krankheitserregern über die Luft** (Fuchsbandwurm beim Abbalgen von Füchsen, Erreger der Tularämie beim Hantieren mit Feldhasen) ist starke Staubentwicklung aus dem Balg durch **Anfeuchten des Balges** zu vermeiden.

Bei mehreren Stücken hat das Auswerfen unbedingt in einem entsprechendem Raum zu erfolgen. Das Ausdrücken der Blase ist nicht notwendig, da es bei Darmverletzungen den Austritt des Darminhaltes in die Bauchhöhle verstärkt

Auswerfen von Feldhasen und Wildkaninchen

Wenn eine kühle Lagerung von erlegten Hasen und Kaninchen nicht innerhalb weniger Stunden gewährleistet werden kann, empfiehlt sich ein ehebaldiges Auswerfen (Ausweiden). Das alleinige Ausdrücken der Harnblase ist dafür kein Ersatz und birgt zudem die Gefahr, dass dabei Inhalt aus dem durch den Schuss verletzten Magen-Darm-Trakt die Bauchhöhle verunreinigt. Beim Ausweiden mehrerer Stücke soll dies in einem geeigneten Raum, der auch über eine Wasserversorgung verfügt, geschehen. Zum Ausweiden werden Hasen/Kaninchen auf eine leicht zu reinigende Unterlage gelegt. Ähnlich wie bei Schalenwild erfolgt die Eröffnung der Bauchhöhle durch einen Schnitt vom Becken bis zum Brustbein. Danach wird das Schloss zwischen den Springern eröffnet und das Zwerchfell mit den Fingern durchstoßen. Es können die Bauch- und Brusteingeweide in einem oder zuerst die Bauch- und dann die Brusteingeweide entfernt werden, wobei sehr genau auf krankhafte Veränderungen zu achten ist. Falls die Hasenleber, die als aromatischste Haarwildleber gilt, verzehrt werden soll, ist die Gallenblase von der Leber ohne Verletzung der Gallenblase abzuschärfen.

Auswerfen von Flugwild

Bei Hühner- und Taubenvögeln ist zuerst der Kropf zu ertasten und Federn über dem Kropf sind zu entfernen. Danach wird über einem vorsichtigen Hautschnitt der Kropf vom Hals getrennt und entfernt oder bei geringer Füllung lediglich der Kropfinhalt entfernt. Zum Auswerfen werden um die Kloake Federn ausgerupft, die Kloake zwischen Kloake und Stoß umschnitten und darauf die Bauchhaut bis zum Brustbein eröffnet. Da Vögel kein Zwerchfell besitzen, gibt es keine Unterteilung in Brust- und Bauchhöhle. Lungen und Nieren sind aber fest mit der Umgebung verwachsen. Die Organe des Flugwildes sind ebenfalls auf krankhafte Veränderungen zu untersuchen.

Abbalgen des Hasen

Für das Abbalgen des Hasen gibt es zwei Methoden. Die erste entspricht in etwa dem Aus-der-Decke-Schlagen eines Rehkitzes. Dabei wird der Hase an den Springern (Hinterläufen) aufgehängt, vorher der Balg auf der hinteren Innenseite der Springer von den Sprunggelenken bis zur Blume aufgeschärft, der Balg von den Springern gelöst, die Blume tief abgeschärft und der Balg mit beiden Händen über den Rücken bis zu den Vorderläufen gezogen. Im Bereich des Bauches und Brustbeines sind kleine Messerschnitte notwendig. Danach werden die Vorderläufe etwas nach oben aus dem Balg gedrückt, der Balg abgezogen und vor den Pfoten mit einer Aufbrechzange oder Geflügelschere abgezwickt. Dann wird der Balg noch über den Hals gezogen und mit dem Kopf abgeschärft.

Bei der zweiten Methode, einer Schnellmethode, wird der Hase auf eine Unterlage gelegt, und der Balg in Körpermitte quer zur Körperachse mittels eines Rundschnittes aufgeschärft. Die Schnittränder werden mit beiden Händen erfasst und der Balg zugleich Richtung Kopf

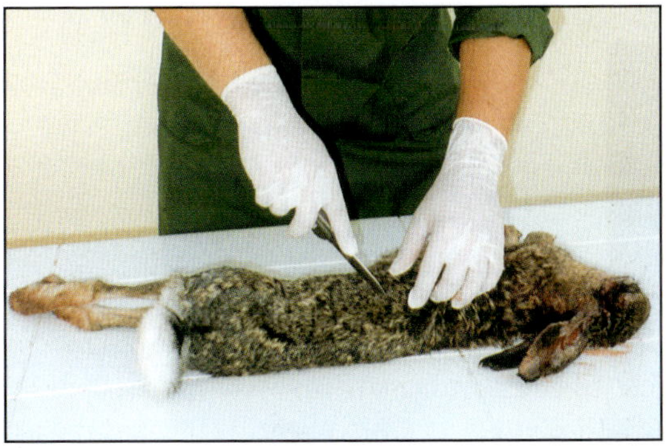

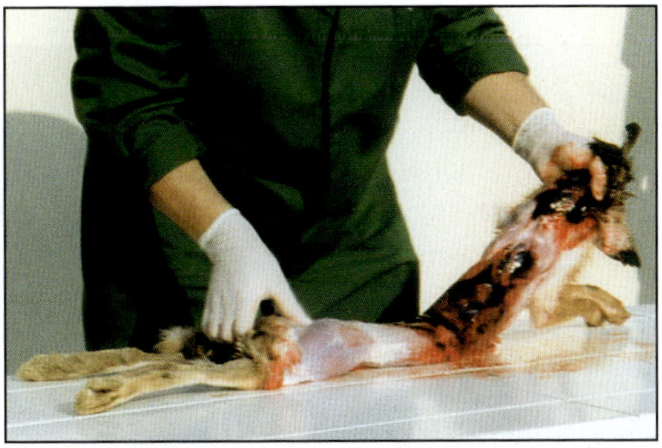

„Schnellmethode" zum Abbalgen eines Hasen

und Keulen auseinandergezogen. An den Keulen wird die Blume gelöst und der Balg bis zu den Sprunggelenken abgezogen, vorne werden die Vorderläufe durch den Balg gezogen und die Springer vor dem Sprunggelenk und die Vorderläufe vor den Pfoten abgezwickt. In Richtung Kopf sind noch kleinere Messerschnitte notwendig, um dann im Hinterkopfbereich den Kopf mit dem Balg abzusetzen.

Rupfen oder Abbalgen des Flugwildes

Falls Flugwild mit Haut zubereitet werden soll, ist es vorteilhaft, die Stücke noch in möglichst körperwarmem Zustand zu rupfen. Eine raschere Methode ist das Abbalgen von Flugwild, bei dem nach einem Längsschnitt über die Brust und Schnitten seitlich in Richtung Ständer die Brust- und Oberschenkelmuskulatur freigelegt wird und diese Edelteile herausgeschärft oder mit einer Geflügelschere herausgelöst werden.

Thema Bleibelastung

Neben der umwelttoxikologischen Relevanz der Verwendung von Bleischrot ist dieses auch lebensmitteltoxikologisch relevant. In einer Vergleichsuntersuchung zur Verwendung von Blei- und alternativen Schroten wurde anhand röntgenologischer und rückstandsanalytischer Methoden festgestellt, dass 37 % der mit Bleischrot getroffenen Teilstücke von Fasanen keine einzige vollständig erhaltene Schrotkugel enthielten, da diese durch Abrieb deformiert waren (MILDNER, 2002). Bei mit Zinkschrot beschossenen Stücken traf dies auf 7 % der Schrote und bei mit Weicheisenschrot getroffenen auf 5 % zu. Feinste Metallsplitter, die aus dem Wildbret auch nicht entfernt werden können, wiesen 76 % der mit Bleischrot, 18 % der mit Zinkschrot und 10 % der mit Weicheisenschrot beschossenen Teilstücke auf.

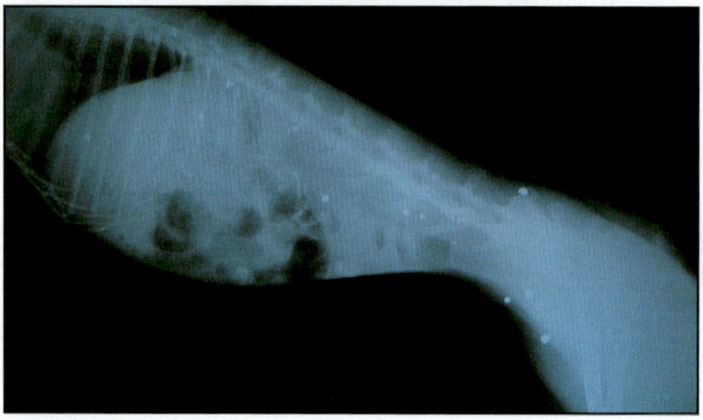

Ein Schrotschuss verursacht meist auch massive Verletzungen der Baucheingeweide. Zusätzlich zu berücksichtigen ist der Bleiabrieb in den Schußkanälen

Die Rückstandsanalytik ergab sowohl für die mit maximal zwei als auch für die mit drei und mehr Bleischroten getroffenen Teilstücke einen hochsignifikanten Anstieg der Bleikonzentration im Vergleich zur Kontrollgruppe. Der mittlere Bleigehalt der schwach mit Bleischrot beschossenen Proben überstieg den von der EU-Kommission 2001 festgesetzten Höchstwert für Schlachttiere um rund das 50fache, derjenige der stark mit Bleischrot getroffenen um ca. das 300fache. Die Zink- und Eisengehalte der mit den entsprechenden Schroten getroffenen Proben waren gegenüber den Kontrollen nicht signifikant erhöht und auch lebensmitteltoxikologisch wenig relevant.

Aus-der-Decke-Schlagen und Zerwirken

Viele Jäger scheuen sich vor dem Aus-der-Decke-Schlagen und Zerwirken und verzichten deshalb auf bestes Wildbret aus der eigenen Jagd. Diese Tätigkeiten sind aber leicht zu lernen, und wie in vielen Lebenslagen macht auch hier die Übung den Meister. Folgendes Kapitel gibt Ratschläge und soll helfen die Scheu vor der Verwertung der eigenen Jagdstrecke zu nehmen. Wenn jeder Jäger Österreichs nur ein Reh im Jahr selbst zerwirkt und im eigenen Haushalt verbraucht, vielleicht zum Braten auch noch Bekannte einlädt, wird der Wildbretmarkt um fast die halbe Rehwildstrecke entlastet, positive Wildbretwerbung geleistet und möglicherweise auch der Preis angehoben.

Möglichst wenig Messer

Das Aus-der-Decke-Schlagen erfolgt meist am an den Hinterläufen hängenden Stück, nachdem die Vorder- und Hinterläufe abgesetzt und die Vorenthäutungsschnitte an den Läufen vorgenommen wurden. Nach den Schnitten an den Innenseiten der Läufe und in der Linie Brustbein – Trägerunterseite wird die Decke besonders am Rücken und den Seiten großteils stumpf mit der Faust abgelöst (zumindest rund um das Weidloch und an der Bauchseite ist ein Messereinsatz erforderlich), wobei auf eine konsequente Trennung der Arbeitsschritte der „reinen Hand" (diese hält Messer bzw. drückt Decke an der Innenseite vom Wildkörper) und der „unreinen Hand" (diese zieht an der Decke) zu achten ist. Damit werden Verunreinigungen der Wildfleischoberfläche vermieden.

Nach einer weiteren Methode des Aus-der-Decke-Schlagens besonders bei Reh- oder Gamswild wird das Stück an einem oder beiden Vorderläufen aufgehängt. Nach den Vorenthäutungsschnitten an den Vorderläufen und Abziehen der Decke von Vorderläufen und Vorderbrust und Absetzen des Hauptes wird die Decke mit möglichst geringem Messereinsatz (am besten unter Druck mit der Faust) vom Wildkörper getrennt und über Brust, Bauch und Schlögel hinuntergezogen. Lediglich im Bereich des Spiegels ist ein Messereinsatz erforderlich; Vorenthäutungsschnitte an den Hinterläufen sind nicht notwendig, da die Decke bis über die Sprunggelenke abgezogen und die Läufe im Sprunggelenksbereich mit der Decke abgesetzt werden.

Das Aus-der-Decke-Schlagen und Zerwirken muss aus hygienischen Gründen immer in einem Raum stattfinden. Nur für den Eigengebrauch (z.B. auf der Jagdhütte) kann man davon absehen. Das Aus-der-Decke-Schlagen erfolgt mit möglichst wenig Messereinatz

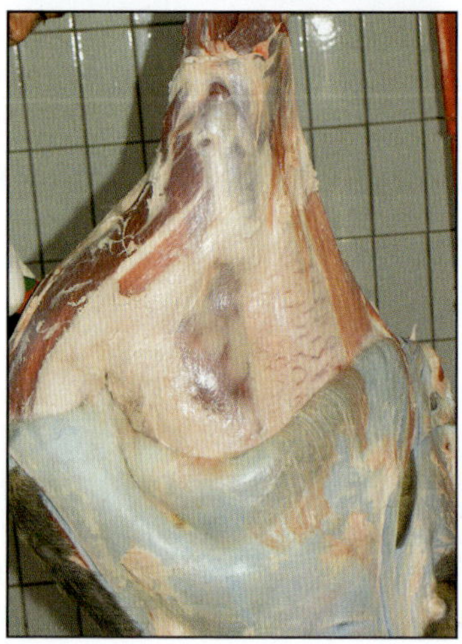

Übung macht den Meister

Das Zerwirken bzw. die Grobzerlegung erfolgt nach großzügiger Entfernung von durch den Ein- und Ausschuss zerstörtem Wildbret und nach Abtragen von Verschmutzungen (z.B. nach Weichschuss). Danach ist das Messer zu wechseln oder zu reinigen. Die alte Unsitte des Einstechens des Messers in Fleischteile, um für gewisse Arbeitsschritte beide Hände frei zu haben, ist tunlichst zu vermeiden – eine saubere Arbeitsfläche als Messerablage oder ein Sterilbecken sind dafür zu verwenden. Das Zerwirken beginnt beim an den Hinterläufen hängenden Stück mit dem Absetzen der Schultern zwischen Rippen und Schulterblatt von der Brustseite aus. Bei den letzten Schnitten ist darauf zu achten, dass der Rücken nicht angeschnitten wird. Danach werden die Seitenteile (Rippen- und Bauchlappen) abgetrennt, wobei ebenfalls darauf zu achten ist, dass nicht wertvolle Rückenteile (Rückenfilets) angeschnitten werden. Für die Entfernung des Rippenteiles ist eine Säge oder Aufbrechzange notwendig. Am Übergang vom Träger in den Rücken wird das Wildbret bis zur Wirbelsäule durchtrennt und der Träger vom Rücken getrennt. Nach dem Absetzen des Rückens vor dem Becken (am Übergang von der Lendenwirbelsäule zum Kreuzbein – kenntlich an einem breiteren knorpeligen Zwischenwirbelbereich) mit dem Messer werden noch die beiden Schlögel vom Becken gelöst und die Grobteile fein zerlegt, falls sie nicht im Ganzen mit Knochen gebraten werden. Bei Ungeübten werden anfänglich höhere Anteile an Ragoutfleisch aus dem Schulter- und Schlögelbereich anfallen.

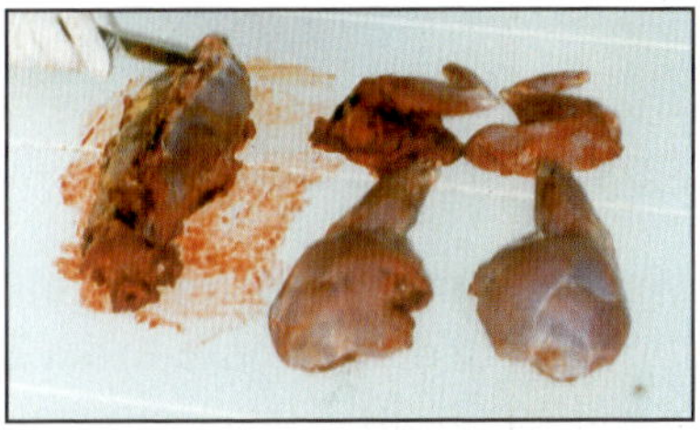

Bild oben: Hase nach Grobzerlegung

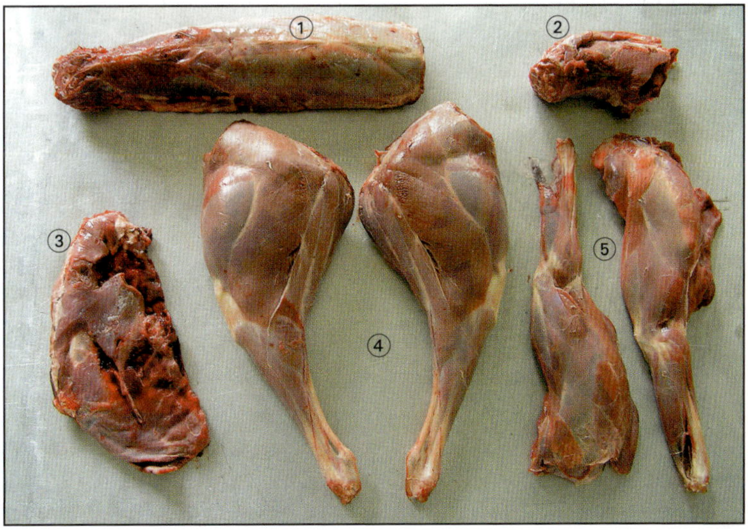

Teile von Schalenwild (hier Reh) nach dem Grobzerwirken: ① Rücken, ② Hals, ③ Rippen- und Bauchlappen, ④ Schlögel, ⑤ Schultern

Auslösen der Schlögel

Zuerst wird bei dem auf der Außenseite liegenden Schlögel der Beckenknochen – falls er nicht schon beim Grobzerwirken am hängenden Stück entfernt worden ist – ausgelöst. Danach wird der Verlauf des Oberschenkelknochens ertastet, freigelegt und durch Anheben am Oberschenkelkopf bis zum Kniegelenk ausgelöst. Die Unterschenkelmuskulatur („Wade") wird ebenfalls abgelöst, sie eignet sich am besten für Gulasch oder Ragout.

Die Zerlegung der Oberschenkelmuskulatur erfolgt entlang der Faszien (Muskelbinden, Muskelhäute), was lediglich mit den Fingern unter leichter Messerhilfe geschieht. Zuerst wird die „Nuss" (eignet sich gut für Wildrohschinken oder Braten) herausgelöst, dann die Oberschale von der Unterschale getrennt und das an der Unterschale liegende „falsche Filet" abgelöst. Danach werden die Teilstücke gehäutet und beschriftet (Wildart, Datum, Teilstück) eingefroren oder weiter verarbeitet. Die verbliebenen Teile der Ober- und Unterschale eignen sich für Braten, Rouladen oder Schnitzel.

Übrigens kann auch der Schlögel im Ganzen (z.B. Hirschkalb, Reh oder Muffel) mit Knochen gebraten werden, was den Braten saftig hält.

Auslösen der Schultern

Vor dem Auslösen werden Schussfleisch und Blutergüsse großzügig abgeschärft und danach die sich auf der Außenseite der Schulter befindlichen Muskelhäute entfernt. Danach wird die Schulter auf die Außenseite gelegt und die Muskulatur von der Schulterblattgräte zur Seite hin abgetragen, das Schulterblatt im Schultergelenk abgetrennt und dann ohne Messer von der Schultermuskulatur abgezogen. Dann erfolgt das Auslösen des Oberarmbeines ähnlich wie das des Oberschenkels vom Oberarmkopf ausgehend und der Unterarmmuskulatur, die wiederum für Gulasch oder Ragout verwendet wird.

Zurichten des Rückens

Zuerst werden die auf der Unterseite der Wirbelsäule liegenden Filets unter sparsamer Messerhilfe vorsichtig von der Wirbelsäule abgelöst. Dann wird der Rücken umgedreht und die lange Rückenmuskulatur („Rückenfilets") knapp an den Dorn- und Querfortsätzen der Wirbelsäule abgelöst. Von den ausgelösten Rückenfilets wird noch die Muskelhaut („Silberhaut") entfernt. Soll der Rücken mit Knochen gebraten werden, so sind dennoch die Muskelhäute der Rückenmuskulatur zu entfernen, um wirklich mürbes Fleisch zu erzielen. Ein Reh- oder auch Muffellammrücken kann im Ganzen zubereitet werden, Rücken von stärkerem Wild werden mit dem Messer oder der Knochensäge halbiert.

Auslösen der „Wandln“

Rippenfleisch und Bauchlappen („Wandln“) von Rotwild lassen sich ausgelöst und zugeputzt zu einem guten Rollbraten verarbeiten. Dazu werden die Rippen an ihrer freien Seite, an der sie von der Wirbelsäule abgetrennt worden sind, freigelegt und mit einer Schnurschlaufe stumpf vom Rippenlappen gezogen. Am Brustbein werden die Rippen abgebrochen oder zugleich mit dem Brustbein vom Fleisch abgetrennt. Das so erhaltene flache Fleischstück wird noch rechteckig zugeschnitten (Abschnitte für Ragout) und zu einem Rollbraten gerollt oder insgesamt zu Ragout verarbeitet.

Auslösen des Trägers (Hals)

Nach Entfernung der Muskelhaut und allenfalls anhaftender Verunreinigungen (vom Aufbrechen) auf der Unterseite des Trägers wird ebenfalls von der Unterseite aus das Fleisch in kleinen Schnitten – leicht in Richtung Halswirbeln schneidend – rundum abgelöst. Die auf der Oberseite des Trägers liegenden Nackensehnen (gelbes Nackenband) werden vollständig herausgeschnitten. Das ausgelöste Wildbret vom Träger eignet sich für Gulasch oder Ragout.

Bleibelastung des Wildbrets

Nicht nur der Schrotsschuss, sondern auch der Kugelschuss führt abhängig von der Lage des Schusskanals und vom Geschosstyp zu einer Blei-Sekundärkontamination des Wildbrets rund um den Schusskanal. Diese Kontamination übertrifft die „natürlichen“ Bleigehalte (durch Schwermetallbelastung aus der Umwelt) der Muskulatur bei weitem. Das Geschossblei in der Muskulatur kann durch Abhängen und Zubreitung noch besser verfügbar und damit lebensmitteltoxikologisch bedeutsam werden. Geschosstypen wurden auf ihre unterschiedliche Splitterwirkung untersucht. Die größte Splitterwirkung hatte das TIG, gefolgt von H-Mantel, Teilmantel, Nosler und ABC, welches die geringste Splitterwirkung aufwies. (HECHT, 2000). Knochentreffer bereits auf der Einschussseite und Mehrfachtreffer erhöhen noch die Bleikontamination. Bleisplitter sind bis zu 30 cm quer zum Schusskanal zu finden, werden also bei den herkömmlichen Arten des Ausschneidens des Schussfleisches nicht komplett entfernt. Beim Abhängen von Wildbret oder Lebern ist nach wenigen Tagen ein großer Muskelbereich um die oft nicht einmal millimetergroßen Splitter oder die gesamte Leber bleikontaminiert. Auch beim Beizen von bleisplitterhaltigem Wildbret steigt der Bleigehalt in der Beizflüssigkeit durch Lösen von Blei kontinuierlich an. Der Bratensaft von splitterhaltigem Wildbret hat ebenfalls einen erhöhten Bleigehalt. Gefordert ist deshalb ein sorgfältiges und nicht „sparsames“ Ausschneiden des Schussfleisches.

„Ausschlachtungsergebnisse“ was bleibt nach dem Zerwirken?

Ob für den Eigenverzehr oder für die Direktvermarktung bestimmt, ist einerlei. Jeden Jäger dürfte interessieren, wie viel Wildbret nach dem Zerwirken übrig bleibt und welche Gewichtsanteile daran beispielsweise die Gustostücke Rücken oder Schlögel haben.

Lebendgewicht, Jagdgewicht und Wildbretgewicht

Sollen bei Wildtieren Auswertungen hinsichtlich des „Fleischertrages“ ähnlich wie bei landwirtschaftlichen Nutztieren durchgeführt werden, ist mit Begriffen wie Lebend-, Jagd- und Wildbretgewicht sowie mit Teilstückgewichten umzugehen. Das Lebendgewicht bedeutet in diesem Zusammenhang das Frischgewicht nach dem Erlegen, unter Jagdgewicht wird das Gewicht des aufgebrochenen Stückes verstanden, und das Wildbretgewicht (Schlachtkörpergewicht) entspricht der Schlachtausbeute, d.h. es resultiert aus dem Jagdgewicht nach Abzug von Decke, Haupt und Läufen. Das Wildbretgewicht beträgt bei einjährigem Rotwild etwa 63 %, bei Kälbern etwa 60 % und bei Alttieren etwa 58 % des Lebendgewichtes (WALTER et al., 2004). Als Faustregel beim Rehwild gilt, dass das Jagdgewicht etwa 60–70 % des Lebendgewichtes beträgt. Die besten „Ausschlachtungsergebnisse“ werden bei den meisten Wildarten bei eineinhalbjährigen Stücken im Herbst (bei Rot- und Damwild vor der Brunft) erzielt. Bei Damwild sinkt beispielsweise der Anteil des zugeputzten Schlachtkörpers am Lebendgewicht von 48 % mit 14 Monaten auf 45 % bei über 4-jährigen Stücken, gleichzeitig steigt der durchschnittliche Fettanteil der einzelnen Teilstücke von 2,6 % auf 6,9 %. Männliche Stücke haben ein höheres Lebendgewicht und bessere Schlachtausbeute, weibliche Stücke haben aber einen verhältnismäßig höheren Anteil an wertvollen Teilstücken wie Schlögel und Rücken. Bei männlichen Stücken sind Hals und Schulter stärker bemuskelt. Eignet sich Wildbret jüngerer Stücke bestens auch für kurz Abgebratenes, so wird das Wildbret älterer Stücke vorwiegend für Fleischerzeugnisse wie Würste oder Geräuchertes verwendet. Die beim Zerwirken von Rotwildspießern und Rehböcken erhaltenen grobzerlegten Wildbretteile haben die in den folgenden Tabellen angeführten Gewichte bzw. prozentuellen Gewichtsanteile.

Ausschlachtungsergebnisse von Rotwildspießern aus Gatterhaltung** (n. MATZKE, 1999) **in kg und %

Lebendgewicht*	93,6
Innereien (Leber, Herz, Nieren u. Nierenfett, Milz, Lungen)	5,2
Magen-Darm-Trakt, Schweiß	24,1
Jagdgewicht**	62,3
Haupt-Gewicht	5,6
4-Läufe-Gewicht	3,2
Decken-Gewicht	4,5
Wildbretgewicht (Schlachtköpergewicht***)	48,9
Teilstückgewichte (in Klammer in % von Wildbretgewicht)	
Schultern	8,9 (18 %)
Schlögel	18,5 (38 %)
Rücken mit Filet	9,4 (19 %)
Rippenlappen	6,5 (13 %)
Bauchlappen	1,8 (4 %)
Hals	3,2 (7 %)

*Lebendgewicht ... Gesamtgewicht nach dem Erlegen
** Jagdgewicht ... aufgebrochen, in Decke, mit Haupt u. Läufen
***Schlachtkörpergewicht ... ohne Haupt, Läufe u. Decke

***Nach einer weiteren Berechnung verbleiben von einem Rotwildspießer mit einem Jagdgewicht von 72 kg 28,85 kg schieres Wildbret** (n. KUJAWSKY, 2003)*

Verteilung auf	Gewicht in kg	Anteil in %
Schieres Wildbret	28,85	40,07
Knochen	15,11	20,99
Abfälle	6,45	8,96
Haupt mit Lecker	6,59	9,03
Decke, Läufe	11,30	15,69
Austrocknungsverluste in der Kühlung	1,32	1,83
Saftverlust beim Zurichten	2,47	3,43

Ausschlachtungsergebnisse eines Rehbockes** (n. KUJAWSKY, 1999, 2003) **in kg und %

Jagdgewicht**	16 kg			
Haupt, Läufe, Decke	3,2 kg			
Wildbretgewicht („Schlachtköpergewicht“***)	12,8 kg			
Teilstückgewichte	mit Knochen	in %	ohne Knochen	in %
Schultern	2,1 kg	18%	1,4 kg	17%
Schlögel	5,0 kg	43%	4,1 kg	51%
Rücken mit Filet	2,2 kg	18%	1,1 kg	14%
Rippen- mit Bauchlappen	1,6 kg	14%	1,0 kg	13%
Hals	0,8 kg	7%	0,4 kg	5%
Abschnitt- und Trockenverluste	1,1 kg			

Der Anteil des Wildbretgewichtes (= Jagdgewicht ohne Haupt, Decke und Läufe) am Jagdgewicht ist bei Rot- und Rehwild annähernd gleich, er beträgt beim Reh ca. 80 %, beim Rotwildspießer ca. 78,5 %. Ebenso ähneln sich die Teilstückgewichte. Natürlich ist bei erlegtem Wild zu berücksichtigen, dass je nach Sitz des Schusses/der Schüsse oder auch durch Verunreinigungen der Wildfleischoberfläche Zuputzarbeiten (großzügiges Abtragen – „Trimmen“ mit dem Messer) durchgeführt werden müssen, was recht große Fleischverluste bedingen kann.

***Ausschlachtungsergebnisse eines Rehbockes** (Teile mit Knochen)*

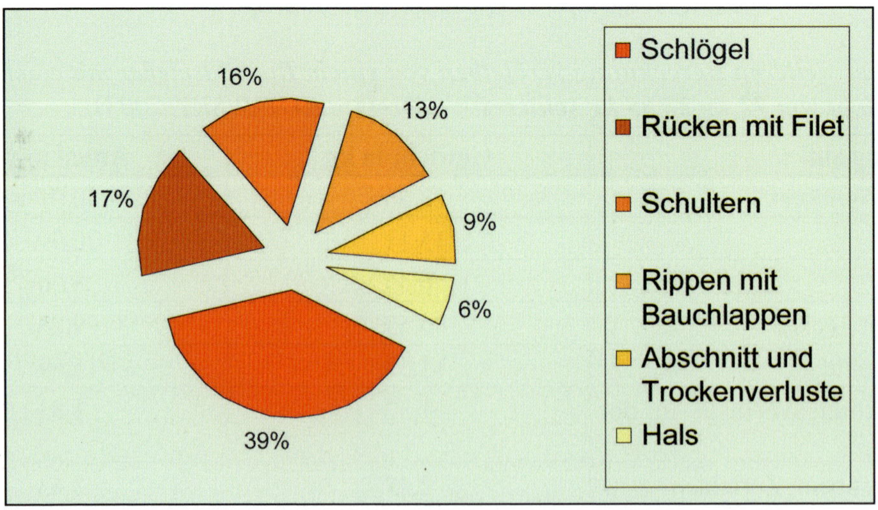

Die Hälfte bleibt

Von einem Reh mit 16 kg Jagdgewicht (aufgebrochen, in Decke, mit Haupt und Läufen) bleibt nach dem Zerwirken nur mehr rund die Hälfte, also 8 kg Wildbret übrig, wenn man für Haupt, Läufe und Decke insgesamt 3,2 kg, für Knochen ca. 3,7 kg und rund 1,1 kg für Schussfleisch-, Zuschnitt- und Austrocknungsverluste ansetzt. Für Gustostücke wie Rücken oder Schlögel müssen demnach entsprechende Preise verlangt werden, wenn man einen Mehrerlös gegenüber der Vermarktung in der Decke erwirtschaften und die Mehrarbeit auch noch abgegolten haben will. Zusätzlich ist zu berücksichtigen, dass mit der (Direkt) Vermarktung ein gesteigertes Maß an Verantwortung und Haftung sowie auch Investitionen verbunden sind.

Fleischreifung und Lagerung von Wildfleisch und Wildfleischprodukten

Selbst Wildbret von jungem Schalenwild kann einen zähen Braten liefern, wenn es nicht über eine – tierartlich unterschiedlich lange – Reifezeit abhängt. Ebenfalls unterschiedlich lange ist die Haltbarkeit von Wildbret, Innereien und Wildfleischprodukten unserer Wildarten.

Fleischreifung – „Abhängen“

Nach Beendigung der Totenstarre kommt es durch die Einwirkung von Enzymen (in lebenden tierischen und pflanzlichen Zellen gebildete hochmolekulare Eiweißkörper, die in Stoffwechselvorgänge eingebunden sind) zur Reifung des Wildfleisches. Abhängig ist die Fleischreifung besonders vom Glykogengehalt der Muskulatur, der sowohl für das Absinken des Säuregrades (pH-Wertes) als auch für die notwendige Enzymaktivität notwendig ist. Im lebenden wie im toten Organismus wird Glykogen zu Milchsäure abgebaut, die aber im toten Organismus in der Muskulatur verbleibt und deren pH-Wert von 7,2 bis gegen 5,4 absinkt. In diesem Fleischreifungsprozess werden Muskelfasern enzymatisch gelockert und abgebaut, wodurch das Fleisch sowohl zarter wird als auch an geschmacklichen Komponenten gewinnt. Bei getriebenem oder gehetztem Wild sowie bei männlichem Wild in der Brunft ist der Glykogengehalt der Muskulatur deutlich niedriger, weshalb die Fleischreifung meist nur unvollständig abläuft und diese Stücke wegen des höheren pH-Wertes auch anfälliger gegenüber bakteriellem Verderb sind. Wildfleisch hat allgemein geringere Bindegewebsgehalte als das Fleisch landwirtschaftlicher Nutztiere, damit ist es – je nach Wildart abgehangen – auch bestens geeignet für kurz Gegartes oder Gebratenes.

Eine einfache Methoden der pH-Wert-Messung kann mittels Indikatorpapier erfolgen. Dabei wird ein mit destilliertem Wasser angefeuchteter Indikatorpapierstreifen in einen frisch angelegten Muskelschnitt eingelegt und die Schnittränder des Muskels leicht zusammengedrückt. Nach ca. 10 sec. wird der Streifen entnommen und der entstandene Farbumschlag an Hand einer Vergleichsskala geprüft. Eine andere Variante dieser pH-Wert-Messung besteht darin, dass im Rahmen der Wässrigkeitsbestimmung zugleich mit dem Stück Fleisch ein Indikatorpapier in das Braunschweiger Gerät eingelegt wird, wobei der beim Pressen austretende Fleischsaft den Farbumschlag verursacht. Der pH-Wert wird somit in einem Arbeitsgang mit dem Safthaltevermögen des Fleisches abgelesen. Exakter ist die elektronische Messmethode mit Glas-Einstich-Elektroden. Wegen örtlicher Fettansammlungen und Sehneneinlagerungen sind stets Mehrfachmessungen eines Muskels notwendig. Weiters genügt es nicht, den pH-Wert nur an einer Stelle des Tierkörpers zu bestimmen, da die Werte an den verschiedenen Körperstellen schwanken können.

Rehwild sollte 36 bis 48 Stunden in der Decke im Kühlraum oder in einer Kühlzelle bei Temperaturen zwischen ca. 5 °C und 7 °C abhängen. Bei niedrigeren Temperaturen (1–5 °C) verlängert sich die Reifezeit. Als Alternative schlägt KUJAWSKY (2003) auch vor, dass Rehwild frisch aus der Decke geschlagen und küchenfertig zugerichtet und auf einer Folie mit einem in Essigwasser getauchten und ausgewrungenen Tuch abgedeckt 36 Stunden im Kühlschrank reifen und danach tiefgefroren werden kann.

Rot- und Schwarzwild sollte je nach Größe 48 bis 96 Stunden in der Decke/Schwarte bei obigen Temperaturen abhängen. Die für Rehwild angeführte Alternative eignet sich nur für Frischlinge bis 35 kg.

Rehwild, Frischlinge sowie schwache Rotwildkälber sollten erst in eine Kühlung verbracht werden, wenn die Totenstarre eingesetzt hat, die an der Herzmuskulatur, dann Zwerchfell, Haupt („Kiefersperre“) und Träger beginnt. Kommen solche Stücke zu früh in die Kühlung, besteht die Gefahr, dass das Fleisch durch eine sog. „Kälteverkürzung“ der Muskulatur („cold shortening“) zäh wird (KUJAWSKY, 2003). Nach einer weiteren Empfehlung zur Vermeidung der Kälteverkürzung soll die Innentemperatur eines Schlachtkörpers von 10 °C nicht vor 10 Stunden nach dem Schlachten (beim Wild Erlegen) unterschritten werden.

Die Totenstarre tritt in Abhängigkeit von der Außentemperatur und der Todesart meist zwischen 2 und 8 Stunden nach dem Tode ein und dauert 24 bis 48 Stunden. Wärme begünstigt, Kälte verzögert den Eintritt, aber auch die Lösung der Totenstarre. Starke Muskelanstrengung vor dem Verenden beschleunigen den Eintritt der Totenstarre, die bei gehetztem

Wild unmittelbar nach dem Erlegen einsetzen kann. Stark beanspruchte Muskulatur unterliegt früher der Totenstarre. Bei deutlich abgemagerten Tieren kann die Totenstarre sehr verzögert beginnen oder sogar ausbleiben.

„Abhängen“ von Schalenwild	**Zeitspanne**
Rehwild	36 bis 48 Stunden
Schwächeres Rot- und Schwarzwild	48 bis 72 Stunden
Stärkeres Rot- und Schwarzwild	72 bis 96 Stunden

Wenn man aber die Zeit beachtet, die ein Stück Wild benötigt, um nach dem Verenden von der Körpertemperatur bis auf 7 °C Kerntemperatur abgekühlt zu werden, dauert das aber relativ lange und unterstreicht die Forderung nach einer raschen Kühlung. So erreicht ein Rehbock in der Decke, der bei +15 °C Umgebungstemperatur erlegt und 3 Stunden nach dem Erlegen in einem Kühlraum bei 4 °C ohne Umluft gekühlt wurde, erst nach 24 Stunden eine Schlögel-Kerntemperatur von 7,4 °C auf. Bei einem Rottier, das bei –1 °C erlegt und bei 0 °C bis –1 °C ohne Umluft in der Decke gekühlt wurde, lag die Schlögel-Kerntemperatur nach 28 Stunden bei +9 °C. Stärkere Stücke Rotwild benötigen bei einer rund 3 Stunden nach dem Erlegen einsetzenden Kühlung bei +4 °C zum Erreichen einer Schlögel-Kerntemperatur von 7 °C eine Kühldauer von 36 bis 48 Stunden (auch abhängig von der Umgebungstemperatur beim Erlegen und ob das Stück getrieben wurde oder nicht).

Eine Vakuumverpackung schützt das Frischfleisch vor Verschmutzung, und die Ausbildung einer Milchsäure-dominierten Mikroflora bewirkt eine Unterdrückung der Sauerstoffbedürftigen Lebensmittelverderber (wie Pseudomonaden). Wenn die Lagerungstemperatur von vakuumverpacktem Fleisch zwischen 0 °C und 2 °C und der pH-Wert unter 5,8 liegen, ist es mehrwöchig haltbar und reift bestens. Ein Vorteil der Vakuumverpackung sind auch geringe Saftverluste. Bei vakuumverpackten Teilstücken, die bei 3,5 °C gelagert wurden, betrug die Haltbarkeit nur ca. eine Woche.

Rehwild sollte 36 bis 48 Stunden „abhängen“

Lagern von Wildfleisch und Wildfleischprodukten

Der Fettgehalt sowie der Zerkleinerungsgrad von Fleisch und Fleischwaren bestimmen überwiegend die Lagerfähigkeit. Ist mageres Fleisch bis zu einem Jahr einzufrieren, so kann fetteres Wildbret bereits nach 3–4 Monaten oder mit Speck Gespicktes bereits nach 1–3 Monaten verdorben sein (Ranzigwerden). Aufgeschnittener Schinken, Wurst-Aufschnittware oder Leberwurst ist nur 1 bis 3 Tage im Kühlschrank zu lagern, und Faschiertes ist am Tag der Herstellung zu verwerten. Faschiertes verdirbt wegen der durch das Faschieren stark vergrößerten Oberfläche sehr leicht, zudem werden für die Herstellung von Faschiertem häufig kleine, oberflächenkeimbelastete Fleischteile vom Zurichten größerer Teilstücke verwendet.

Lagerdauer sowie die Lagerbedingungen von Wildbret und Wildfleischprodukten

Lebensmittel	Lagerbedingungen	Lagerdauer
Wildbret frisch bzw. in Beize	im Kühlschrank, bei 0–4°C an der kältesten Stelle*	mehrere Tage
Wildbret tiefgefroren		
Teilstücke gespickt	im Tiefkühlschrank bzw. in der Tiefkühltruhe bei mind. –18 °C	1–3 Monate (Mo)
Reh-, Rot-, Gams- und Muffelwild (mager)		ca. 12 Mo
Schwarzwild		ca. 6 Mo
Hasen und Wildkaninchen		ca. 8 Mo
Rebhühner und Tauben		ca. 8 Mo
Wildenten und -gänse		ca. 6 Mo
Fasane		ca. 4 Mo
Innereien		ca. 1–3 Mo
Fleischprodukte		
Kochschinken oder Kochwurst (z.B. Leberwurst)	verpackt im Kühlschrank, bei 0–4°C an der kältesten Stelle*	1–3 Tage
Aufgeschnittene und gereifte Rohwurst (Salami), Rohschinken, Brüh- und Kochwürste im verschlossenen Darm	verpackt im Kühlschrank, bei 0–4°C an der kältesten Stelle*	ca. 10 Tage
Gereifte Rohwurst und Rohschinken im Ganzen	kühl (12–15 °C) und luftig	mehrere Wochen
Wurst tiefgefroren	mindesten –18 °C	2–3 Mo

** nahe der Rückwand oder auf der Abdeckplatte des Obst- und Gemüsefaches*

Fleischerzeugnisse unterscheidet man in Roh-, Brüh- und Kochwürste sowie in Roh- und Kochpökelware (Schinken). Während rohe und gekochte Pökelfleischerzeugnisse aus ganzen Fleischstücken gewonnen werden, handelt es sich bei Wurst um Gemenge aus zerkleinertem Fleisch und weiteren Zutaten. Rohwürste werden aus zerkleinertem rohem Fleisch und Fettgewebe durch Fermentierung, d.h. einen bakteriellen Reifungsprozess, hergestellt. Die meisten Rohwürste werden geräuchert und sind schnittfest, seltener streichfähig (Mett- oder Teewurst). Brühwürste sind Mischungen aus rohem magerem Fleisch, Fettgewebe, Trinkwasser, Salz und Gewürzen, die gekuttert, in Därme gefüllt und anschließend erhitzt werden. Sie können stückige Einlagen enthalten, wie Schinkenwurst oder Bierschinken. Kochwürste werden aus vorgekochtem Fleisch, Fett und Innereien hergestellt (z.B. Leberwurst). Über die empfohlene Lagerdauer sowie die Lagerbedingungen von Wildbret und Wildfleischprodukten gibt folgende Tabelle Auskunft (AID, 1998).

„haut gout" kommt von beginnender Fäulnis

Mit dem Begriff „haut gout" wurde früher der Höhepunkt der Fleischreifung bezeichnet und darunter der typisch aromatische Wildgeruch und -geschmack verstanden. Heute ist unter „haut gout" eine zumindest wertgeminderte Fleischqualität zu verstehen, die auf verdorbenes Wildfleisch hinweist. Bei diesem Reifungszustand ist bereits ein fauliger Beigeschmack festzustellen, da das Fleisch meist der Verwesung schon näher ist als dem Todeszeitpunkt.

Bei der Reifung von Wildfleisch ist auch darauf Bedacht zu nehmen, dass Wildfleisch während der Reifung nicht durch eine übermäßige bakterielle Vermehrung verdirbt. Die Bakterienvermehrung auf Wildfleisch ist hauptsächlich abhängig vom Ausgangskeimgehalt sowie von der Lagertemperatur und der Feuchtigkeit der Fleischoberfläche.
Durch eine rasche Kühlung des Wildbrets bei Temperaturen zwischen -1 °C und +7 °C wird einem bakteriellen Verderb vorgebeugt und es findet trotzdem eine Reifung statt. Für Stücke mit Weichschuss oder nachgesuchte Stücke wird eine Kühltemperatur von maximal +4 °C und eine Verwertung innerhalb von 3 Tagen vorgeschlagen.

Konservieren im Mittelalter

Bereits vor dem Räuchern und Pökeln waren Konservierungsmethoden bekannt. Aus dem 16. Jahrhundert ist überliefert, dass Schwarzwild durch „Abbrennen" haltbar gemacht wurde, indem man es mit glühenden Eisenkolben verkohlte, bis die Borsten abfielen. Das sogenannte „Grünfleisch" wurde in eine Beize mit Bilsenkraut, Petersilie, Pfeffer und Salbei eingelegt, um es *„zu behalten von St. Mareinstag* (2. November) *piß in den Summer"*.

Bilsenkraut ist übrigens sehr giftig, dürfte aber in der Beize an Giftwirkung verloren haben. Schlussendlich sind aus herrschaftlichen Betrieben und Gaststätten noch „Eiskeller" zur Konservierung von Fleisch beschrieben. Dies waren tiefe und mit einer Hütte gedeckte Gruben, in die im Winter Eis oder gepresster Schnee, durch Strohlagen schichtweise abgetrennt, eingebracht wurde und wo sich das Kühlmaterial fast bis zum Herbst gehalten hat.

Rezepte

Einleitung zum Kapitel „Rezepte"

Der Durchschnittsösterreicher verzehrt pro Jahr 40 kg Schweinefleisch und 0,6 kg Wildfleisch! Und das, obwohl Wildfleisch wohl das „biologischste" Fleisch ist, das uns zur Verfügung steht. Die weitgehend stressfreie Lebensweise unseres Wildes, seine zum großen Teil uneingeschränkte Bewegungsfreiheit und seine abwechslungsreiche Nahrung, wie Gräser, Kräuter, Blätter, Triebe, Knospen und Beeren verleihen dem Fleisch die Zartheit und seinen vorzüglichen Geschmack. Der niedere Fettanteil von etwa 2% reicht aus, um dem Fleisch seinen guten Geschmack zu geben.

Woher das im Handel angebotene Wildfleisch letztlich stammt, sofern nicht entsprechend deklariert, ist nicht mehr zu erfahren. Gesetzlich ist es erlaubt, Wildbret aus anderen Ländern (vor allem aus Neuseeland, Polen und Ungarn) einzuführen und in Österreich zu zerlegen und zu verpacken, wobei auf der Verpackung nur mehr Name, Anschrift und Veterinärkontrollnummer des Verpackers anzuführen sind. Wenn Sie also die Möglichkeit haben, bei einem heimischen Wildbrethändler oder bei einem Ihnen bekannten Jäger Wildfleisch zu erwerben, so ist die Herkunft des Wildbrets sicher. Wenn Sie selbst Jäger sind, können Sie die Qualität Ihres Nahrungsmittels „Wildbret" am besten steuern.

Selbstverständlich kann Wildfleisch eingefroren werden, die Haltbarkeit hängt im Wesentlichen von der Art der Verpackung und vom Fettgehalt des Fleisches ab (siehe auch Seite 72). Können Sie das Fleisch vakuumverpacken, so ist die Haltbarkeit besser, da durch die Luftdichtheit ein Austrocknen und „Brandigwerden" verhindert werden kann. Auch die Fleischreifung ist in Vakuumpackungen möglich. Fette Teilstücke haben auch tiefgekühlt nur eine Haltbarkeit von rund 6 Monaten, da das Fett trotz Tiefkühlung ranzig wird. Mageres Fleisch, welches gut verpackt ist, ist mindestens ein Jahr haltbar.

Wesentlich für die Zartheit des Fleisches ist die Fleischreifung, die auch bei Wildbret, welches eingefroren werden soll, stattfinden muss. Eine gewisse Nachreifung ist im Tiefkühler gegeben, diese reicht aber nicht aus, das Fleisch zart werden zu lassen. Eine Reifung nach dem Auftauen ist nicht ratsam, da aufgetautes Fleisch nicht länger als zwei Tage gelagert werden soll. Durch den Tiefkühlvorgang und vor allem durch das Auftauen kommt es zu einer Zerreißung der Zellwände und Fäulnisbakterien können sich rascher vermehren.

Verwendungsmöglichkeiten der Fleischteilstücke

Rücken

Der wertvollste Teil des Wildkörpers ist der Rücken. Er kann entweder mit oder ohne Knochen für Braten verwendet werden. Die Knochen verleihen dem Bratensaft ein hervorragendes Aroma. In diesem Fall werden die Rückenfilets erst unmittelbar vor dem Anrichten ausgelöst. Der Rücken kann auch vorher vom Knochen ausgelöst werden. Dieses sehr zarte Fleisch bedarf nur einer kurzen Garzeit und eignet sich für Steaks und Medaillons sowie Geschnetzeltes. Die innen gelegenen „Fischerln“ (Lungenbraten) werden vor allem als Einlage in Wildpasteten verwendet.

Schlögel

Der Schlögel eignet sich hervorragend für alle Bratenvariationen, er kann sowohl ausgelöst als auch mit Knochen verwendet werden. Weiters werden aus dem Schlögel Schnitzel geschnitten, und zwar quer zur Faserrichtung. Das Fleisch des Schlögels eignet sich auch sehr gut für Geschnetzeltes.

Schulter

Die Schulter findet unausgelöst oder ausgelöst als Braten Verwendung. Das Schulterfleisch wird weiters für Ragouts, Faschiertes und Pasteten oder zum Kochen verarbeitet.

Träger

Der Träger (Hals) ist für die Herstellung von Wildfond und Suppen oder Steirisches Wurzelfleisch hervorragend geeignet.

Wadenmuskulatur

Die festere und mit Sehnen durchzogene Wadenmuskulatur findet vor allem für Ragouts Verwendung. Die rein sehnigen Anteile (Parüren) sind für die Herstellung von Fond und Suppen unentbehrlich.

Bauch, Rippenfleisch

Dieses Fleisch eignet sich für Ragout, Faschiertes, als Grundlage für Suppen und für Wildfond. Der Bauchlappen kann im Ganzen als Rollbraten verwendet werden. Die Rippen, in Stücke geteilt, schmecken gegrillt hervorragend.

Keine Angst vor Wildfleisch!

Noch immer hört man sehr oft: *„Ich koche wirklich gerne, aber Wildgerichte sind mir zu kompliziert!"* oder *„Ich mag den penetranten Wildgeschmack nicht."*
Beides stimmt schon lange nicht mehr. Die aufwendigen Verfahren des Beizens waren früher notwendig, da es wegen mangelnder Transportwege und -fahrzeuge oft sehr lange dauerte, bis das Wild geborgen und aufgebrochen wurde. Außerdem gab es oft keine entsprechenden Kühlmöglichkeiten, sodass das Wild zum Zeitpunkt der Zubereitung oft schon den typischen „Hautgout" hatte, nichts anderes als beginnende Fäulnis! Heute wird das erlegte Tier möglichst rasch aufgebrochen und umgehend einer Kühlung zugeführt. Die notwendige Reifung des Fleisches erfolgt bei kontrollierten Temperaturen. Statt dem Beizen kann aber z.B. für Gegrilltes das Fleisch mariniert werden.

Die Zubereitung unterscheidet sich nicht von der anderer Fleischsorten, es kann gebraten, gegrillt, gedünstet und gekocht werden. Ein Einbeizen ist nicht notwendig. Sie sollten auch keine fertigen Gewürzmischungen verwenden, sonst entsteht der „Einheitswildgeschmack" und der Eigengeschmack des Wildbrets kommt nicht zur Geltung. Nehmen Sie einfach nur Salz und Pfeffer, frische Kräuter und wenn Sie etwas „Wildgeschmack" wünschen, Wacholderbeeren sowie Lorbeerblätter.

Zum Spicken mit Speck sei angemerkt, dass das Fleisch dadurch nicht saftiger, sondern lediglich aromatisiert wird. Dasselbe gilt für das Umwickeln mit Speck! Wenn Sie Speck bei einer Zubereitungsart verwenden und es sich nicht um „Grünen Speck" (roher weißer Speck) handelt, so denken Sie daran, das Fleisch sehr vorsichtig zu salzen.

Für die Zartheit des Fleisches auf dem Teller sind folgende Dinge wichtig: das gute Abhängen (siehe Seite 69), das Braten bei Temperaturen zwischen 100 °C und 140 °C, oder das langsame, aber lange Kochen bei Ragouts. Prinzipiell gilt, je hochwertiger das Fleisch ist, desto weniger Gartemperatur benötigt es. Zu hohe Temperaturen lassen es zäh werden. Wertvolle Stücke wie Rücken oder Schlögel sollten eine Kerntemperatur von 60 °C bis 70 °C nicht wesentlich überschreiten.

Um gute Saucen zubereiten zu können, ist es ratsam, einen Wildfond herzustellen. Das erfordert zwar etwas Zeit, aber Sie können einen Vorrat in Dosen oder Säckchen portionieren und einfrieren. Haben Sie keinen Fond zur Verfügung, so nehmen Sie Rindsuppe oder bei Wildgeflügelgerichten Hühnersuppe.

Die folgenden, von uns gesammelten Rezepte sind alle wohlerprobt und oft verkostet. Die meisten Zubereitungsarten sind einfach und bedürfen keiner besonderen Küchenausrüstung. Viele Tipps verdanke ich dem bekannten Koch Willi Haider, einige seiner Erfolgsrezepte hat er mir dankenswerter Weise für dieses Buch zur Verfügung gestellt.

Die Fleischgerichte sind nicht mit fixen Beilagen versehen. Hier ist es Ihrer Phantasie überlassen, passende Kombinationen zusammenzustellen. Wenn Sie bei der Fleischzubereitung unsicher sind, dann machen Sie doch einfach einen Braten natur und eine phantasievollere Beilage dazu, wie Maroni-Lasagne, Kastanienerdäpfel oder Zaunbindernudeln.

Im Allgemeinen gilt: zu Fleischgerichten, die mit geschmacklich neutralen Saucen zubereitet werden, passen geschmacklich intensivere Beilagen. Hat die Fleischzubereitung bzw. die Sauce einen intensiven Geschmack, so wählen Sie eher neutrale Beilagen, wie Serviettenknödel, Erdäpfelknödel oder Nockerln.

Wenn Sie ein Wildessen zusammenstellen, so denken Sie nicht nur an die geschmackliche Abstimmung von Fleischzubereitung und Beilagen, sondern berücksichtigen Sie auch die Farben der Beilagen. Man genießt ein gutes Essen nicht nur mit dem Gaumen, sondern auch mit den Augen. Ein Braten mit Serviettenknödeln und Rahmlinsen mag zwar gut schmecken, stellt aber optisch keine Attraktion dar!

Zusätzlich auszuwählen ist ein entsprechendes Getränk zum Wildgericht. Es muss nicht immer Rotwein sein, zu vielen Wildgerichten eignet sich auch Weißwein oder Bier.

Noch ein kleiner Tipp für Einladungen: Vergessen Sie nicht die Teller vorzuwärmen, und zwar möglichst heiß! Um die Speisen attraktiv anzurichten, brauchen Sie eine gewisse Zeit, und bis Gäste endlich mit dem Essen beginnen, braucht es noch mehr Zeit! Und das beste Essen schmeckt nicht mehr, wenn es kalt geworden ist.

Abkürzungen

EL	Esslöffel, Suppenlöffel
TL	Teelöffel
Pkg	Packung

Österreichische Küchenausdrücke

Kren	Meerrettich
Schlagobers	Schlagsahne
Eierschwammerln	Pfifferlinge

Wir wünschen ein gutes Gelingen!

Brauner Wildfond

2 kg gehackte Wildknochen und Parüren (Abschnitte, Sehnen, Flaxen etc.)
5 EL Öl
1 Bund Wurzelgemüse
2 Zwiebeln
2 EL Tomatenmark
20 schwarze Pfefferkörner
20 Wacholderbeeren
5 Lorbeerblätter
1 EL Thymian
1 TL Rosmarin
ca. 1/8 l Rotwein
3 l Wasser
Salz

Das Öl in einer passenden Pfanne erhitzen und die Knochen und Parüren (Abschnitte, Sehnen, Flaxen etc.), langsam braun rösten. Das Fett muss abgegossen werden. Das kleingeschnittene Wurzelwerk und die gehackten Zwiebeln zufügen und mitrösten. Das überschüssige Fett nochmals abgießen und dann das Tomatenmark dazugeben und braun rösten. Bevor es verbrennt, mit etwas Rotwein ablöschen. Dieser Vorgang kann mehrmals wiederholt werden. Nur wenn das Tomatenmark gut angeröstet wird, bekommt der Fond die braune Farbe; wird das Tomatenmark zu wenig geröstet, bleibt der Fond rötlich!

Jetzt mit dem Wasser aufgießen, die Gewürze (außer Salz) beifügen und bei kleiner Hitze ca. 3 – 4 Stunden köcheln lassen. Nicht zudecken (Flüssigkeit muss reduziert werden!) und nicht umrühren! Der entstehende Schaum an der Oberfläche muss immer wieder abgeschöpft werden (es handelt sich um Eiweiß, welches den Fond trüb werden ließe). Wichtig ist, dass man den Fond erst am Ende des Kochvorganges salzt, da durch die Flüssigkeitsreduktion der Geschmack sehr würzig wird. Der fertige Fond wird durch ein Etamin geseiht. Dafür eignet sich ein Geschirrtuch oder eine Stoffwindel, welche vorher gut mit heißem Wasser durchgespült wird, um etwaige Waschmittelreste zu entfernen. Solange weiterköcheln, bis die Flüssigkeit auf 3/4 reduziert ist. Der abgekühlte Fond kann nun portioniert und in Säckchen eingefroren werden. Verwendung findet der Fond als Geschmacksverstärker für eine Vielzahl von Saucen.

Suppen und Suppeneinlagen, Vorspeisen

KLARE WILDSUPPE (nach Willi Haider) *Für 5 Personen*

700 g Wildknochen, Fleischabschnitte und Sehnen
100 g Wurzelgemüse
1/2 Zwiebel
1 EL Tomatenmark
1/8 l Rotwein
Olivenöl
5 Wacholderbeeren
10 Pfefferkörner
2 EL Gin

Die Wildknochen, Fleischabschnitte und Sehnen in etwas Olivenöl langsam anrösten, die gehackte Zwiebel und das gewürfelte Wurzelgemüse zufügen und mitrösten. Das Fett abgießen, Tomatenmark beifügen und dunkel anrösten, mit Rotwein ablöschen. Wacholderbeeren und Pfefferkörner zufügen. Mit 1,5 l Wasser aufgießen und 3 Stunden köcheln lassen. Schaum und Fett immer wieder abschöpfen. Die fertige Suppe durch ein Tuch passieren und mit Salz, Pfeffer und Gin abschmecken.

WILDBEUSCHELSUPPE *Für 5 Personen*

1 Reh- oder Kalbsbeuschel
1 Bund Suppengemüse
1 Schnitte Hamburgerspeck
1/2 Becher Crème Fraîche
1 TL Speisestärke
1/16 l Weißwein
1–2 TL Weinessig
2 Lorbeerblätter
gerieb. Muskatnuss nach Geschmack
1 TL Majoran
Pfeffer
Salz

Das Beuschel von der Luftröhre ablösen und in größere Stücke schneiden, 1/2 Stunde mit kaltem Wasser gut auswässern. Den Speck fein schneiden und mit dem Zwiebel kurz anrösten. Suppengemüse, das Beuschel und Wasser zufügen und eine 3/4 Stunde köcheln, den Schaum immer wieder abschöpfen. Das Beuschel und das Suppengemüse herausnehmen. Das Beuschel wird mit kaltem Wasser abgespült und in kleine Stücke geschnitten, wobei größere Röhren entfernt werden. Die Karotten fein schneiden und beiseite stellen. Das geschnittene Beuschel und den Weißwein zur Suppe geben und 15 Minuten weiter köcheln lassen. Anschließend mit der Speisestärke binden, mit Salz, Pfeffer, Muskatnuss, Essig und Majoran abschmecken. Die Suppe in vorgewärmten Tellern mit je einem Löffel Crème Fraîche servieren.

GAMSSUPPE *Für 4 Personen*

1 Träger vom Gams	*2 EL Cognac*
500 g Rippenknochen	*1 Lorbeerblatt*
1 Zwiebel in der Schale	*10 Pfefferkörner*
1 Bund Suppengemüse	*Salz*
200 g Kartoffeln	*weißer Pfeffer*
1/16 l Schlagobers	*Schnittlauch nach Geschmack*

Gamsträger und Rippenknochen mit Wurzelgemüse, Zwiebel, Lorbeerblatt und Pfefferkörnern in einen ausreichend großen Topf geben und mit Wasser bedecken. Drei Stunden köcheln, den Schaum immer wieder abschöpfen. Anschließend durch ein Tuch seihen und 3/4 l Suppe in einen Topf geben. Die weichgekochten Erdäpfel in kleinen Stücken dazugeben und mit dem Passierstab passieren. Den Cognac einrühren und aufkochen lassen. Mit Schlagobers sowie Salz und weißem Pfeffer abschmecken. Vor dem Servieren mit Schnittlauch bestreuen.

FARCENOCKERLN (nach Willi Haider)

70 g Wildfleisch	*5 Wacholderbeeren*
2 Eiklar	*Orangenschale von 1/4 unbehandelten Orange*
1/16 l Schlagobers	*Salz*
1 TL Petersilie	*Pfeffer*

Alle Zutaten im Kutter zerkleinern, bis eine glatte Masse entsteht. Die Masse kalt stellen, dann mit dem Kaffeelöffel Nockerln formen und in leicht siedendem Salzwasser ca. 5–10 Minuten ziehen lassen. Diese Nockerln können als Suppeneinlage verwendet oder auch als Vorspeise mit etwas Salat und einer Sauce (Petersiliensauce, Preiselbeerschaum) serviert werden.

WILDLEBERPOFESEN

200 g Wildleber	*1 Zehe Knoblauch*
4 Scheiben Toastbrot	*Salz*
3 Eier	*Pfeffer*
1/2 TL Majoran	*Frittieröl*
1/2 TL Thymian	

Die Leber fein passieren, das Ei und die Gewürze unterrühren, salzen, pfeffern und auf die Toastbrote streichen und mit Toastscheiben zudecken. Jede Pofese in 4 Dreiecke schneiden, in die versprudelten Eier tauchen und im heißen Fett herausbacken. Pofesen sind als Suppeneinlage verwendbar oder warm serviert als Vorspeise.

SAURES WILDFLEISCH MIT VOGERLSALAT

600 g Schulter oder Schlögl (Reh, Rotwild)	*1 EL feingehackte Petersilie*
1 Bund Suppengemüse	*1 Bund Radieschen*
1 kleine Zwiebel	*6 EL Kürbiskernöl*
10 Pfefferkörner	*1–2 EL Weinessig*
Salz	*Pfeffer*
1 l Wasser	*Salz*
1 Zwiebel	*200 g Vogerlsalat*

Das Fleisch mit dem Gemüse, der Zwiebel und den Gewürzen langsam kochen (ca. 1 1/2 Stunden), herausnehmen und auskühlen lassen.

Für die Marinade Zwiebel und Radieschen fein würfeln, mit Öl und Essig vermischen und mit Salz und Pfeffer abschmecken.

Das kalte Fleisch in dünne Scheiben schneiden, auf Teller auflegen und mit dem Vogerlsalat garnieren. Darüber die Marinade verteilen und die feingehackte Petersilie darüberstreuen.

WILDSÜLZE

750 g Fleisch (Reh, Rotwild)	*10 Gelatineblätter*
3 Karotten	*Salz*
2 Pastinaken (gelbe Karotten)	*Pfeffer*
2 Petersilienwurzeln	*3 Lorbeerblätter*
1/4 Stange Porree	*1/2 TL Majoran*
1 EL Essig	*10 Wacholderbeeren*
3 EL Öl (Kürbiskernöl)	*10 Pfefferkörner*

Alle Zutaten bis auf die Gelatine in 1,5 l Wasser 40 Minuten köcheln lassen, dann das Gemüse herausnehmen und in Eiswasser legen. Das Fleisch 45 Minuten weiterkochen. Das fertige Fleisch ebenso in Eiswasser legen. 1/8 l Suppe für die Marinade beiseite stellen. Den Rest der Suppe auf 3/4 l einkochen und durch ein Tuch passieren.

Die Gelatineblätter werden 4 Minuten in wenig Wasser eingeweicht, mit 1/8 l Suppe aufgekocht und unter die restliche Suppe gerührt. Eine Kastenform mit Klarsichtfolie auslegen, die Hälfte des in Würfel geschnittenen Gemüses und Fleisches einfüllen und mit der abgekühlten Suppe übergießen. Dann den Rest der Einlage hinzugeben und 12 Stunden kalt stellen.

Für die Marinade 1/8 l Suppe mit Essig, Öl, Kräutern, Salz und Pfeffer mischen und über die aufgeschnittene Sülze gießen.

Anstelle von Gemüse können auch Eierschwammerln verwendet werden

Fasanen- oder Entenbrüstchen auf Blattsalaten

4 Brüstchen
2 EL Öl
Salz
Pfeffer
200 g gemischte Blattsalate
2 EL Olivenöl
Balsamico-Essig
Salatkräuter
200 g Eierschwammerln

Pro Portion eine Fasanen- oder Entenbrust an der Hautseite nicht zu tief kreuzweise einschneiden. Fleisch beidseitig mit Salz und Pfeffer würzen. Das Öl in einer Pfanne erhitzen und die Brüstchen auf der Hautseite anbraten, herausnehmen, im Rohr bei 180 °C ca. 15 Minuten braten (nach halber Zeit wenden). Die Eierschwammerln kurz anrösten, den Salat marinieren und mit den in Scheiben geschnittenen Brüstchen anrichten.

WILDPASTETE (nach Willi Haider) *Für 8 Personen*

350 g mageres Wildfleisch (Reh, Rotwild)
200 g Schweinsschulter
200 g grüner Speck
2 EL Gin
15 Wacholderbeeren
Schale einer 1/2 unbehandelten Orange
1/2 TL Rosmarin
2 EL Preiselbeermarmelade
ca. 1/2 l Schlagobers
Salz
Pfeffer
1 Rückenfilet, klein (Kitz, Reh, Kalb)
50 g grüner Speck
150 g sehr dünn geschnittener Speck

Fleisch und Speck in Würfel schneiden und mit den Gewürzen, der Orangenschale und Gin über Nacht im Kühlschrank marinieren. Am nächsten Tag portionsweise mit der Mulinette unter Zugabe von Schlagobers fein pürieren. Mit dem würfelig geschnittenen grünen Speck und der Preiselbeermarmelade verrühren, mit Salz und Pfeffer abschmecken. Eine Pastetenform (oder rechteckige Kuchenform) mit dem dünn geschnittenen Speck auslegen und die Hälfte der Masse einfüllen, das Filet einlegen und den Rest der Masse darüberstreichen. Mit Speck abdecken und im Wasserbad im Backrohr bei 220 °C für 15 Minuten braten. Die Temperatur auf 160 °C reduzieren und 1 Stunde weiter braten. Die Kerntemperatur sollte 65 °C erreichen. Im Kühlschrank einen Tag rasten lassen und mit einem scharfen, dünnen Messer in 1 cm dicke Scheiben schneiden.

Hirschschinken (nach Willi Haider)

Pro kg Fleisch (größere Stücke vom Hirsch-, Reh- oder Muffelschlögel)

25 g (ca. 3 TL) Pökelsalzmischung (90 % Kochsalz, 10 % Pökelsalz)
30 Pfefferkörner
20 Wacholderbeeren
2 EL Thymian
2 EL Rosmarin
3 Knoblauchzehen
2 Gewürznelken
1 Prise Zimt

Die Zutaten mit dem Mörser zerreiben und mit dem Salz vermischen, das Fleisch damit gut einreiben und in ein enges Gefäß drücken und von oben beschweren. Für 2–3 Wochen im Kühlschrank einbeizen. Das Backrohr auf 70–80 °C vorheizen, den Schinken auf ein Gitter legen. Auf ein Blech können Geschmacksträger wie Wacholderzweige, Tannenzweige, Wacholderbeeren, Lorbeer, Thymian, Rosmarin oder Orangenschalen gelegt werden. Das Fleisch bis zu einer Kerntemperatur von 55 °C garen. Eventuell das Backrohr einen Spalt offen lassen, damit die Feuchtigkeit entweichen kann. Dann für 2–3 Tage zum Abtrocknen aufhängen.

Dieser Schinken ist im Kühlschrank etwa 2 Wochen lagerbar. Vor dem Servieren dünn aufschneiden und mit Preiselbeer-Obers-Kren servieren.

WILDFLEISCH MIT THUNFISCH-KAPERN-SAUCE

600 g Schlögel
(Kalb, Spießerhirsch, Schmaltier)
1 Bund Suppengemüse
1 kleine Zwiebel
1/8 l Weißwein
10 schwarze Pfefferkörner
Salz

200 g Thunfisch (in Öl)
1/8 l Olivenöl
1 Eidotter
3 EL Kapern
1/2 TL Sardellenpaste
1/2 Zitrone
Petersilie zum Garnieren
weißer Pfeffer

1 l Wasser mit Gewürzen aufkochen, Suppengemüse, Zwiebel, Fleisch und Weißwein zufügen und ca. 1 1/2 Stunden langsam köcheln lassen. Das Fleisch herausnehmen und alles abkühlen lassen.

Eidotter mit dem Zitronensaft, etwas Sardellenpaste und einem Esslöffel Kochsud verrühren, das Olivenöl langsam einrühren, bis die Mayonnaise stockt. Den Thunfisch mit 2–3 EL Kochsud fein mixen und mit den Kapern unter die Mayonnaise rühren. Mit Pfeffer und bei Bedarf mit etwas Salz abschmecken.

Das Fleisch in dünne Scheiben schneiden, auf Teller auflegen und mit der Mayonnaise bestreichen, mit Petersilie garnieren.

Wildfleischgerichte

BRATEN, NATUR *Für 4–5 Personen*

1 kg Fleisch	*1/2 TL Rosmarin*
Salz, Pfeffer	*Olivenöl*

Für Braten eignen sich Schlögel, Schulter und Rücken. Man sollte nur Fleisch von jungem Wild (Rehwild, Rotwild, Gämsen, Muffel bis zu etwa 3 Jahren) verwenden. Für das Gelingen ist eine gute Fleischreifung unbedingt notwendig (siehe Seite 69). Den Eigengeschmack kann man betonen, indem man den Braten nur mit Salz, gemahlenem Pfeffer und einigen Nadeln Rosmarin würzt.

Der gewürzte Braten wird in einer Pfanne mit etwas Olivenöl von allen Seiten kurz angebraten und dann im vorgewärmten Rohr bei 100–110 °C gebraten. Der Braten sollte mehrmals aufgegossen werden, am besten mit Wildfond, aber auch eine Wild- oder Rindsuppe, Wasser oder etwas Rotwein können verwendet werden.

Die Dauer des Bratvorgangs hängt von der Größe des Bratens ab. Für 1 kg Fleisch werden ca. 2 Stunden benötigt. Es empfiehlt sich aber, die Kerntemperatur des Bratens mit einem Stichthermometer zu überprüfen. Moderne Rohre sind mit einem Stichthermometer ausgestattet, es genügt aber ein Stichthermometer, das für ca. € 8,- im Handel erhältlich ist. Eine Kerntemperatur von 80 °C sollte erreicht werden.

Zu hohe Temperaturen vermeiden, da das Fleisch sonst trocken und zäh wird

Bratenvariationen

Für die folgenden Bratenvariationen wird das obenstehende Grundrezept verwendet. Die Zutaten sind für 1 kg Braten (= 4–5 Personen) berechnet.

Wildbraten, andalusisch

50 g grüne Oliven
100 g Hamburger Speck

In der letzten Stunde werden pro kg Braten ca. 50 g entkernte und geviertelte grüne Oliven und ca. 100 g fein gewürfelter Speck (Hamburger) zugefügt. Bei dieser Zubereitungsart soll das Fleisch sparsam gesalzen werden, da der Speck viel Salz enthält!

Wildbraten mit Pilzen

200 g Pilze oder Eierschwammerln
1 Zwiebel
1 EL gekochte Petersilie
3 EL Crème Fraîche

Eine mittlere Zwiebel fein hacken und in etwas Olivenöl hellbraun anrösten. Rund 200 g Eierschwammerln, Steinpilze oder Morcheln werden nicht allzu klein geschnitten und geröstet. Man kann etwas Pfeffer und nach Geschmack frische Kräuter (Petersilie, Kerbel) zufügen. Dem fertigen Bratensaft beimengen und eventuell mit 2–3 EL Crème Fraîche verfeinern.

Wildbraten mit Zwetschken

4 Zwiebeln
100 g Hamburger Speck
1/2 l Rotwein
150 g entkernte Dörrzwetschken
3 EL Zwetschkenröster oder Zwetschkenmarmelade
2–3 EL Himbeeressig

4 mittlere Zwiebeln fein schneiden und in Olivenöl goldbraun rösten. 100 g durchwachsenen Speck fein schneiden und kurz mitrösten. Eine gute Stunde vor Fertigwerden des Bratens Zwiebel und Speck beifügen und mit 1/2 l Rotwein aufgießen. 150 g entkernte Dörrzwetschken schneiden, 2–3 Esslöffel Zwetschkenröster oder Zwetschkenmarmelade (Marmelade vorsichtig beifügen, da die Sauce leicht zu süß wird!) und 2–3 Esslöffel Himbeeressig zufügen. Mit Salz und Pfeffer abschmecken und noch etwa 10 Minuten weiterbraten.

Wildbraten mit Wurzelgemüse

4 Zwiebeln	*1/2 l Wild- oder Rindsuppe*
1 EL Tomatenmark	*100 g Wurzelgemüse*
1/8 l Rotwein	*1/8 l Schlagobers*

Das rundum angebratene Fleisch aus der Pfanne nehmen und im Fett 3–4 feingeschnittene Zwiebeln braun rösten. 1 EL Tomatenmark zufügen und dunkelbraun anrösten lassen. Bei Bedarf den Bratensatz mit Rotwein löschen. Es soll eine dunkelbraune Farbe entstehen. Dann mit 1/2 l Wildsuppe, Rindsuppe oder Wasser aufgießen. Den Braten und 100 g in Streifen geschnittenes Wurzelgemüse zufügen und entsprechend der Größe braten. Am Ende des Bratvorgangs den Saft mit etwas Schlagobers verfeinern und mit Salz und Pfeffer abschmecken.

Braten natur mit Erdäpfel-Maroniknödeln

Wildbraten in Hagebuttensauce

2 Zwiebeln	*3 EL Schlagobers*
1 EL Tomatenmark	*3 Lorbeerblätter*
1/8 l Rotwein	*1/4 TL Rosmarin*
1/2 l Wild- oder Rindsuppe	*2 EL Olivenöl*
3–4 Esslöffel getrocknete Hagebutten	*evtl. 1–2 EL Hagebuttenmarmelade*
(od. die doppelte Menge frische, entkernte Hagebutten)	

Die feingehackten Zwiebeln in Olivenöl anrösten, Tomatenmark zufügen und dunkelbraun anrösten, mit Rotwein ablöschen. Aufkochen lassen und die Suppe beifügen. Die Hagebutten, die Gewürze und das Fleisch zugeben und 2 Stunden bei 130 °C im Rohr braten. Schlagobers unterrühren und eventuell mit Hagebuttenmarmelade abschmecken.

Hirschschnitzel, gebacken *Für 4 Personen*

800 g Hirschschlögel (Kalb, Reh, Muffel)
2 Eier
Milch
Mehl
Schwarzbrotbrösel oder Semmelbrösel, mit Mandelsplittern vermischt
Salz
Pfeffer
Frittieröl

Den Schlögel in 1 cm dicke Schnitzel quer zur Muskelfaserrichtung schneiden, die Ränder einschneiden und beidseitig gut durchklopfen. Das Fleisch salzen und pfeffern, in Mehl wälzen und in die mit etwas Milch verquirlten Eier tauchen. Anschließend in Brösel wälzen und im Frittierfett langsam goldbraun backen.

Das „Wiener Schnitzel" muss nicht immer vom Kalb oder Schwein sein

Wildschnitzel, natur *Für 4 Personen*

800 g Schlögel oder Schulter
(Reh, Rotwild, junger Muffel, Wildschwein)
1/4 l Wildfond
2 EL Olivenöl
10 Wacholderbeeren
Salz
Pfeffer

Das Fleisch gegen die Faserrichtung in Schnitzel schneiden und beidseitig gut klopfen, mit Salz, Pfeffer und den zerstoßenen Wacholderbeeren würzen und auf beiden Seiten im heißen Olivenöl braten. Die Schnitzel herausnehmen und den Bratensatz mit Fond aufkochen und reduzieren.

Geschnetzeltes in Pfefferrahmsauce *Für 4 Personen*

500 g Fleisch (Schlögel, Schulter)
1/4 l Schlagobers
1/4 l Wildfond oder Suppe
1/16 l Cognac
1 TL grüner Pfeffer
2 EL Olivenöl
Salz
Pfeffer

Das Fleisch sorgfältig von Sehnen, Fett und Häuten befreien und in dünne Streifen schneiden. Das Öl in einer Pfanne erhitzen, das Fleisch salzen, pfeffern und durchrösten. Anschließend herausnehmen und rasten lassen. Den Bratrückstand mit Cognac löschen, den Fond zugießen, den grünen Pfeffer untermengen und die Sauce reduzieren. Die Speisestärke im Schlagobers verquirlen und einrühren. Nochmals aufkochen lassen und abschmecken. Dann erst das Fleisch hinzufügen und nicht mehr aufkochen, da das Fleisch sonst zäh wird!

Überbackene Filets *Pro Person*

150 g Medaillons
1 Birne
1 Scheibe Schimmelkäse pro Medaillon
Salz
Pfeffer
2 EL Olivenöl

Die Medaillons mit Salz und Pfeffer würzen und in einer Pfanne in etwas Olivenöl anbraten. Anschließend mit einer Birnenscheibe und einer Scheibe Schimmelkäse belegen und mit etwas rotem Paprika bestreuen. Im Backrohr bei 200 °C je nach Größe der Medaillons 5–10 Minuten überbacken.

REHSPIESSCHEN *Für 4 Personen*

2 Rückenfilets (Kitz, Reh, Gamskitz, Muffellamm)
20 Kohlsprossen
20 dünne Scheiben Hamburgerspeck
4 EL Olivenöl
2 EL Balsamico-Essig
1/4 l Wildfond
2 TL Speisestärke
1 EL Preiselbeermarmelade

Die Kohlsprossen in kochendem Salzwasser 10 Minuten kochen. Die Filets in Würfel schneiden, mit dem dünn geschnittenen Speck umwickeln und abwechselnd mit den Kohlsprossen auf Spieße stecken. Im heißen Olivenöl gut von allen Seiten anbraten. Die fertigen Spieße warm stellen und den Bratenrückstand mit Essig und Wildfond aufgießen, die Speisestärke anrühren und die Sauce damit binden, mit Preiselbeermarmelade abschmecken.

Als Beilage zu Spießchen eignen sich Sellerie–Erdäpfel–Laibchen sehr gut

WILD AUS DEM WOK *Für 3–4 Personen*

400 g Wildfleisch (Schlögel, Rücken)
4 EL Sojasauce
3 EL Reiswein
2 EL Hoisinsauce
1 EL Honig
3 Zwiebeln
2 Karotten
3 EL Erdnussöl
1/8 l Gemüsesuppe
1/2 EL Speisestärke
1 Prise Cayennepfeffer

Das Fleisch in Streifen schneiden, salzen und pfeffern. Sojasauce, Hoisinsauce, Reiswein und Honig mischen, unter das Fleisch rühren und eine Stunde ziehen lassen. Die Zwiebeln und die Karotten in Streifen schneiden. Das Öl im Wok erhitzen, das Fleisch darin anbraten, herausnehmen und warm stellen. Im restlichen Öl das in Streifen geschnittene Gemüse anrösten. Die Speisestärke in der Gemüsesuppe verquirlen und mit dem Gemüse aufkochen lassen. Das Fleisch dazugeben und kurz kochen. Als Beilage Reis servieren.

Muffellammschlögel, ausgelöst *Für 4 Personen rechnet man 800 g Fleisch*

1 ausgelöster Muffellammschlögel (oder Schlögel von 1-jähriger Muffel)
2 Karotten
2 Zwiebeln
100 g Speck
3 Zehen Knoblauch
50 g Rosinen
1/8 l Rotwein
1/8 l Wildfond oder Suppe
2 EL Olivenöl

Speck kleinwürfelig schneiden und anrösten, die feingehackten Zwiebeln zufügen, glasig anrösten. Die feingewürfelten Karotten und die zerdrückten Knoblauchzehen beimengen und kurz mitrösten.

Den Schlögel gut salzen und pfeffern und mit der Masse füllen und zubinden. Olivenöl erhitzen und den Braten rundum kurz anbraten und dann in das auf 130 °C vorgeheizte Rohr geben. Je nach Größe 2–3 Stunden braten (Stichthermometer verwenden). Den fertigen Braten herausnehmen und den Bratensatz mit Wildfond und Rotwein aufgießen. Die Rosinen beifügen und den Saft reduzieren. Das Fleisch mit einem scharfen Messer aufschneiden und den Saft darüber gießen.

Rückenfilet *Pro Person 150 g Rückenfilet*

4 zerdrückte Wacholderbeeren
1 EL Olivenöl
1/16 l Wildfond oder Wildsuppe
1 EL Butter
Salz
Pfeffer

Die Rückenfilets mit Salz, Pfeffer und zerdrückten Wacholderbeeren würzen. In einer Pfanne etwas Olivenöl erhitzen und das Fleisch von beiden Seiten scharf anbraten. Im Backrohr bei 180 °C für 5–10 Minuten (je nach Größe) fertig garen. Das Fleisch aus der Pfanne nehmen, in Alufolie wickeln und zudecken. Den Bratenrückstand mit Wildfond ablöschen, durch ein Sieb passieren und etwas Butter zufügen. Die Filets aufschneiden und mit dem Saft übergießen.

REHRÜCKEN IN ROTWEINSAUCE *Für 4 Personen*

800 g Rückenfilets mit Knochen	*1 EL Honig*
(Reh, Kalb, Spießer oder Schmaltier, junge Muffel)	*3 EL Olivenöl*
1 Bund Suppengemüse	*1 TL Butter*
1 Zwiebel	*10 Wacholderbeeren*
1/4 l trockener Rotwein	*1 TL Thymian (wenn möglich frisch)*
1/4 l Wildfond oder Suppe	*Salz, weißer Pfeffer*

Die Filets von den Knochen lösen und vorsichtig von allen Häuten befreien. Die Knochen fein hacken und im heißen Olivenöl anrösten. Den feingehackten Zwiebel, die Wacholderbeeren und das feinwürfelig geschnittene Gemüse zufügen und kurz mitrösten. Den Honig zufügen und karamellisieren lassen. Dann mit dem Rotwein ablöschen und einkochen lassen, mit dem Wildfond ergänzen, einkochen und durch ein feines Sieb passieren.

Die Filets in 1 EL Olivenöl rundum kurz anbraten und im auf 180 °C vorgeheizten Backrohr ca. 10 Minuten weitergaren, in Alufolie und ein Tuch wickeln und rasten lassen. Die passierte Sauce mit einem Stück Butter montieren und mit Salz und weißem Pfeffer abschmecken.

Rehrücken mit Grappa-Rosinen und Schwarzwurzeltascherln

REHMEDAILLONS MIT EIERSCHWAMMERLKRUSTE *Für 4 Personen*

800 g Rehrücken (auch vom Kitz, Kalb oder Muffel)	*2 Scheiben Toastbrot*
200 g Eierschwammerln	*1 EL Butter*
2–3 Zwiebeln	*1 EL Olivenöl*
1/2 Bund Petersilie	*Salz, Pfeffer*

Die Eierschwammerln fein zerkleinern und in einer Pfanne so lange dünsten, bis alle Flüssigkeit verdampft ist. Die Butter zufügen und die feingehackten Zwiebeln mitrösten, bis sie glasig sind. Die feingehackte Petersilie unterheben und mit Salz und Pfeffer würzen. Nachdem die Masse etwas abgekühlt ist, das Toastbrot entrinden und fein zerbröselt unter die Schwammerln mengen.

Den Rücken in Medaillons schneiden, mit Salz und Pfeffer würzen und in heißem Olivenöl von allen Seiten kurz anbraten. Die Schwammerlmischung auf die Medaillons verteilen und im Rohr bei 160 °C für 10–15 Minuten überbacken.

Wildgulasch *Für 4–5 Personen*

800 g Wildfleisch (Schulter, Hals, Wade)
4 Zwiebeln
100 g Bauchspeck
1 EL Paprikapulver
1/8 l Sauerrahm
1/2 l Wildfond oder Suppe
1 EL Mehl
3 EL Olivenöl

Die feingehackten Zwiebeln im Öl hellbraun rösten, das Paprikapulver dazugeben und mit Fond löschen. Das würfelig geschnittene Fleisch andünsten, würzen und mit dem restlichen Fond aufgießen. Zugedeckt weich dünsten (ca. 1 Stunde). Das Fleisch herausheben, das Mehl unter den Sauerrahm rühren, in den Saft geben und aufkochen lassen. Anschließend mit dem Stabmixer fein pürieren und das Fleisch wieder dazugeben.

Zu Wildgulasch – hier mit Mehlspätzle – serviert man am besten ein kühles Bier

Wildragout *Für 4 Personen*

600 g Fleisch (auch sehnigeres Fleisch von allen Schalenwildarten)
1 Pkg. Wurzelgemüse (ohne Petersiliengrün)
1 EL Tomatenmark
1/2 l Rotwein
1/2 l Wildfond oder Suppe
3 Lorbeerblätter
1 TL Wacholderbeeren
3 EL Olivenöl
1–2 EL Preiselbeermarmelade
1/8 l Schlagobers

Das Öl in einer Pfanne erhitzen und das würfelig geschnittenen Gemüse anrösten, Tomatenmark hinzufügen und braun rösten, vorsichtig mit etwas Rotwein löschen. Das würfelig geschnittene Fleisch mit Salz, Pfeffer und den zerstoßenen Wacholderbeeren mischen und mitrösten. Mit Rotwein und Wildfond aufgießen und die Wacholderbeeren beigeben. Das Fleisch weich köcheln lassen (11/2–2 Stunden). Mit Preiselbeermarmelade und Schlagobers verfeinern, mit Salz und Pfeffer abschmecken.

Hasenragout mit Gemüse *Für 5 Personen*

1 kg Hasenfleisch (auch Ragoutfleisch von allen anderen Wildarten)
400 g Gemüse (Pastinaken, Karotten, Sellerie, Zwiebel)
1/4 l Rotwein
1/2 l Wildfond- oder Rindsuppe
5 EL Olivenöl
1 TL grüner Pfeffer
Salz
Pfeffer
10 Wacholderbeeren
3 Lorbeerblätter
1 TL Senf
2 EL Preiselbeermarmelade
1 TL Tomatenmark
2 TL Speisestärke

Das Fleisch in Würfel schneiden und im Öl scharf rundum anrösten, herausnehmen und das grobgewürfelte Gemüse anrösten, ebenfalls herausnehmen und beiseite stellen. Den Bratrückstand mit 1 EL Rotwein aufkochen und das Tomatenmark dunkelbraun anrösten und immer wieder mit etwas Rotwein aufgießen, bis eine schöne dunkelbraune Farbe entsteht. Mit dem restlichen Rotwein und dem Wildfond aufgießen, Wacholderbeeren, gemahlenen Pfeffer und die Lorbeerblätter beifügen. Das Fleisch dazugeben und langsam köcheln lassen. Bei zartem Fleisch das Gemüse nach einer Stunde, bei etwas sehnigerem Fleisch (wie z.B. Wade) erst nach 11/2 Stunden dazugeben und weiter kochen lassen. Dann das Fleisch und Gemüse herausnehmen und im Rohr warm stellen. Den Saft durch ein Sieb passieren, etwas Saft in eine Tasse schöpfen und mit der Speisestärke fein verquirlen, dem Saft wieder beimengen und unter Rühren aufkochen lassen. Die grünen Pfefferkörner, den Senf und die Preiselbeermarmelade beifügen und mit Salz und Pfeffer abschmecken. Die Sauce über das Fleisch und Gemüse gießen und nicht mehr aufkochen lassen.

Zu pikantem Hasenragout eignen sich als Beilage Erdäpfelknödel, Nockerln oder Nudeln

Wildschweinpfeffer mit Zwetschken *Für 4 Personen*

800 g Ragoutfleisch vom Wildschwein	*2 EL Zwetschkenmarmelade*
(auch Reh, Rotwild, Muffel, Gämse)	*2 EL Himbeeressig*
2 Knoblauchzehen	*1/2 TL Thymian*
100 g Speck	*1/2 TL Majoran*
4 Zwiebeln	*Salz*
1 l Rotwein	*Pfeffer*
200 g entkernte Dörrzwetschken	*3 EL Olivenöl*

Das Fleisch in Würfel schneiden und mit dem zerdrückten Knoblauch, Thymian, Majoran, Salz und Pfeffer würzen. Danach unter ständigem Rühren gut anbraten. Den feingeschnittenen Speck und die feingehackten Zwiebeln beigeben und mitrösten. Wenn alles etwas Farbe angenommen hat, den Rotwein zugießen und im Rohr bei 200 °C zugedeckt 1 Stunde braten lassen. Die entkernten Zwetschken klein schneiden, mit der Zwetschkenmarmelade und dem Himbeeressig verrühren und unter die Soße mischen, mit Salz und Pfeffer abschmecken und eine weitere Viertelstunde im Rohr braten.

FASCHIERTES WILDFLEISCH *Für 5 Personen*

500 g Wildfleisch
500 g fetteres Schweinefleisch
2 Semmeln
1 Zwiebel
4 EL Olivenöl
2 Eier
5 EL Semmelbrösel
1 EL Senf
Salz
Pfeffer
1 EL Majoran
1 EL Thymian

Die Semmeln in Wasser einweichen und anschließend gut ausdrücken. Das faschierte Fleisch mit allen Zutaten gut vermengen und abschmecken. Diese Masse eignet sich für faschierte Laibchen (Laibchen formen, in Mehl wälzen und in heißem Fett herausbacken), für faschierten Braten (einen Braten formen und ca. 1 Stunde bei 180 °C im Rohr braten) oder auch als Fülle für Teigtäschchen.

WILDSCHWEIN IN KRAUT *Für 4 Personen*

500 g Wildschweinragout (Schulter, Hals)
4 Zwiebeln
2 Zehen Knoblauch
5 EL Olivenöl
1/2 l Wildfond oder Suppe
3 EL Paprikapulver
1/4 kg Sauerkraut
1/8 l Sauerrahm
1 EL Maisstärke
3 Lorbeerblätter
Salz
Pfeffer

Die feingehackten Zwiebeln in Öl rösten, dann das Paprikapulver dazugeben, kurz mitrösten und mit dem Wildfond ablöschen. Den zerkleinerten Knoblauch und das in Würfel geschnittene Fleisch dazugeben, salzen, pfeffern und eine 3/4 Stunde köcheln lassen. Das Sauerkraut und die Lorbeerblätter hinzufügen und ca. 1/2 Stunde weiterkochen. Wenn das Kraut weich ist, den mit Maisstärke verquirlten Sauerrahm untermengen.

ENTENBRUST MIT ORANGENSAUCE *Für 2–3 Personen*

4 Entenbrüstchen
1/8 l Geflügelfond (auch Wildfond oder Geflügelsuppe möglich)
1 El Olivenöl
Salz, Pfeffer
5 Orangen
3 EL Sojasauce
2 EL Honig

Das Olivenöl in einer Pfanne erhitzen, die enthäuteten und an der Fettseite kreuzweise angeschnittenen Entenbrüstchen beidseitig gut anbraten. Das Rohr auf 150 °C vorwärmen und die Brüstchen ca. 10 Minuten garen, in Alufolie wickeln und im lauwarmen Rohr rasten lassen. Den Bratensaft mit Fond aufkochen und den Saft von drei Orangen sowie die Sojasauce beifügen, den Saft durchseihen. Die Schale einer Orange in dünne Streifen schneiden und der kochenden Sauce beigeben, mit Honig, Salz und Pfeffer abschmecken, den Saft vom Herd nehmen und enthäutete Orangenspalten von zwei Orangen beimengen. Die Brüstchen aus der Folie nehmen, in ca. 1 cm dicke Scheiben anschneiden und mit Sauce anrichten.

Kräuterpalatschinken mit Flugwildstreifen *Für 4 Personen*

4 Fasanen- oder Entenbrüste
250 g Steinpilze
1 kleine Zwiebel
1/4 l Schlagobers
1 EL Mehl
2 EL Olivenöl
Salz, Pfeffer

1/8 l Milch
2 EL glattes Mehl
1 Ei
2 EL gehackte frische Kräuter
Salz
Öl

Die Flugwildbrüste in Streifen schneiden und in 1 EL Olivenöl gut anbraten. Aus der Pfanne nehmen und warm stellen. 1 EL Olivenöl in die Pfanne geben und die feingeschnittenen Pilze anrösten, die feingehackte Zwiebel zufügen. Etwas anrösten lassen und das Mehl darüber stauben, kurz mitrösten und mit dem Schlagobers ablöschen. Einmal aufkochen lassen, das Fleisch beigeben und mit Salz und Pfeffer abschmecken.

Für die Palatschinken Milch, Mehl, Ei und Salz gut verrühren und eine halbe Stunde rasten lassen, dann erst die gehackten frischen Kräuter unterrühren. In einer Pfanne etwas Öl erhitzen und vier Palatschinken herausbacken. Das Ragout auf einer Palatschinkenhälfte anrichten und die zweite Hälfte darüber legen.

Mit kleineren Palatschinken auch sehr gut als Vorspeise geeignet

ENTE, GEFÜLLT *Für 4 Personen*

1 Ente	*2 Eidotter*
1 große Zwiebel	*1 EL Butter*
3 Orangen	*Salz*
200 g in Würfel geschnittenen Brioche	*Pfeffer*
1/8 l Schlagobers	*1 Prise Zimt*
1/8 l Geflügelsuppe	

Für die Fülle feingehackte Zwiebel in Butter glasig rösten. Die Orangen schälen und filetieren. Die Briochewürfel mit dem Schlagobers vermengen, die Dotter, Orangenfilets und die Gewürze dazugeben.

Die gut geputzte Ente außen salzen und pfeffern und füllen, bei 150 °C ca. 2 Stunden im Rohr braten. Den Bratenrückstand mit Geflügelsuppe aufgießen, aufkochen lassen und reduzieren.

FASAN, AUERHAHN ODER BIRKHAHN GEBRATEN *Für 4 Personen*

1 Fasan (Auerhahn, Birkhahn)	*Salz, Pfeffer*
300 g Hamburgerspeck	*1/2 TL Paprika*
10 zerstoßene Wacholderbeeren	*1/16 l Olivenöl*

Den Fasan, Auer- oder Birkhahn außen und innen salzen, pfeffern und mit rotem, mildem Paprika gut einreiben. Mit dem in dünne Streifen geschnittenen Hamburgerspeck umwickeln. Olivenöl und die Wacholderbeeren in eine feuerfeste Form geben und im Rohr 1 Stunde (Birkhahn 11/2, Auerhahn 2 Stunden) braten. Kurz vor dem Fertigwerden den Speck herunternehmen und kleingeschnitten dem Bratensaft beigeben. Den Saft eventuell mit etwas Geflügelsuppe aufgießen.

Rauhfußhühner (hier Auer- und Birkhahn) liefern ein sehr würziges Wildbret

Innereien

GEBACKENE WILDLEBER AUF BLATTSALATEN *Pro Person*

100 g Wildleber
1 Ei
Milch
Mehl
2 Handvoll gemischte Blattsalate
1 TL Olivenöl
wenige Tropfen Balsamico-Essig
Salz
Pfeffer
Frittierfett

Den Salat waschen und in der Salatschleuder oder in einem Tuch möglichst trocken schleudern, auf Tellern anrichten.

Die Leber in ca. 3 cm dicke Streifen schneiden, pfeffern (nicht salzen!), in Mehl, Ei und Bröseln panieren und in heißem Fett goldgelb herausbacken. Das Olivenöl und Salz unter den Salat mengen, den Balsamico-Essig am besten mit einem Zerstäuber über den Salat sprühen. Die Leber in Scheiben schneiden und auf den Salat legen.

INNEREIENSPIESSCHEN *Für 4 Personen*

400 g Kitz- oder Kalbsleber
200 g Herz
Nieren
dünn geschnittener Hamburgerspeck
1 roter Paprika
1 grüner Paprika
1–2 Zwiebeln
1/2 TL Oregano
Salz
Pfeffer

Die Herzen in gesalzenem Wasser ca. 30 Minuten vorkochen und im Wasser erkalten lassen. Die Innereien in Würfel schneiden, die Leber in den Speck wickeln und abwechselnd mit dem in Stücke geschnittenen Gemüse und den anderen Innereien auf Spießchen aufspießen. Mit Oregano und Pfeffer würzen und entweder grillen oder mit etwas Olivenöl in der Pfanne von allen Seiten gut braten. Erst vor dem Anrichten salzen.

Leberbunkel *Für 4–5 Personen als Hauptspeise*

400 g Wildleber
100 g fettes Faschiertes (Bauchfleisch)
2 alte, in Wasser eingeweichte Semmeln
1 Zwiebel
2 Eier
1 EL Mehl
1 EL Brösel
15 Wacholderbeeren
1 TL Majoran
evtl. eine Prise Pilzpulver
Salz, Pfeffer
1 Schweinsnetz

Die Wildleber mit den Semmeln und mit der Zwiebel faschieren, das fette Faschierte, Eier, Mehl und Brösel untermengen. Die Gewürze gut unterkneten und die Masse in eine ausgefettete mit dem Netz ausgelegte Auflaufform füllen, mit dem Netz zudecken und im Rohr bei 180 °C ca. 3/4 Stunde zugedeckt braten. Am Schluss abdecken, damit der Bunkel knusprig wird. Diese Zubereitung kann warm als Hauptspeise mit Sauerkraut und Erdäpfeln, kalt in Scheiben geschnitten oder als Suppeneinlage verwendet werden.

Rehbeuschel (Kalbsbeuschel) *Für 4 Personen*

1 Rehbeuschel oder Kalbsbeuschel mit Herz
1/2 Bund Suppengemüse
1 Zwiebel
2 Knoblauchzehen
1 TL Pfefferkörner
2 EL Olivenöl
1/2 l Wildfond oder Suppe
2 EL Mehl
1 EL Essig
1/2 TL Majoran
1/2 TL Thymian
3 Lorbeerblätter
Salz
Pfeffer

Beuschel und Herz in reichlich Wasser zusammen mit Suppengemüse, Zwiebel, Lorbeerblättern und Pfefferkörnern köcheln, Schaum immer wieder abschöpfen. Beuschel und Herz in feine Streifen schneiden. Den gepressten Knoblauch im heißen Öl anschwitzen lassen und mit 1/2 l Wildfond oder Suppe löschen. Beuschel und Herz dazugeben, würzen und bei mäßiger Hitze 20 Minuten köcheln lassen.

GERÖSTETE WILDLEBER *Für 4–5 Personen*

1 Rehleber (2 Kitzlebern, 1/2 Kalbsleber)	*2 Lorbeerblätter*
1 Rehherz	*1/2 TL Thymian*
3 Zwiebeln	*1/2 TL Majoran*
3 EL Olivenöl	*1/2 TL Oregano*
Salz	*1 TL Paprikapulver*
Pfeffer	*10 Wacholderbeeren*

Die feingehackten Zwiebeln in 3 Esslöffel Öl goldgelb rösten, die feingeschnittene Leber und die Gewürze (ohne Salz!) beigeben und bei mittlerer Hitze gut durchrösten. Wenn Sie die Leber mit Saft wollen, gießen Sie die fertig geröstete Leber mit Wildfond oder mit Suppe auf und lassen Sie die Leber noch einmal kurz aufkochen. Die Leber erst kurz vor dem Anrichten salzen.

Die geröstete Leber erst kurz vor dem Anrichten salzen!

Wildleberaufstrich im Glas *Für 1 l Inhalt*

1 kg Schweinebauch oder Schweinehals
300 g Wildleber
100 g Schweineschmalz
200 g Hamburgerspeck
1 große Zwiebel
2 EL Honig
20 g Pökelsalz
3 Knoblauchzehen
2 Lorbeerblätter
3 TL Majoran
Salz
Pfeffer

Das Schweinefleisch in Stücke schneiden, in Salzwasser mit den Pfefferkörnern und den Lorbeerblättern weich kochen und in der Flüssigkeit erkalten lassen. In einer Pfanne das Schmalz erhitzen und den feingehackten Zwiebel sowie den feingewürfelten Speck rösten. Die in Stücke geschnittene Leber beigeben, durchrösten und erkalten lassen. Das Fleisch mit dem Lebergemisch fein faschieren (Fleischwolf), das Pökelsalz und die restlichen Gewürze untermischen, gut durchkneten und abschmecken. Die Masse in Gläser füllen (nur zu 2/3 befüllen!), gut verschließen und im Wasserbad bei 90 °C für 45 Minuten ziehen lassen. Herausnehmen und während des Erkaltens mehrmals aufschütteln. Gekühlt aufbewahrt, ist dieser Aufstrich zwei Monate haltbar!

Wildleberaufstrich schmeckt am besten mit frischem Schwarzbrot

GEBRATENE LEBER MIT ÄPFELN *Für 4–5 Personen*

1 Rehleber (2 Kitzleber, 1/2 Kalbsleber)
2 Äpfel
2 Zwiebeln
10 Salbeiblätter
Olivenöl
1 EL Butter
etwas Mehl
1 EL Staubzucker
Salz, Pfeffer
1 TL rosa Pfefferkörner

Die Rehleber gut waschen und die Häute und großen Gallengänge wegschneiden. Dann in ca. 5 mm dicke Scheiben schneiden. In einer Pfanne das Öl erhitzen und die in feine Ringe geschnittenen Zwiebeln goldgelb rösten, die in Streifen geschnittenen Salbeiblätter untermengen, alles aus der Pfanne nehmen und warm stellen. Die Butter erhitzen und den Staubzucker darin karamellisieren. Die in 5 mm dicke Scheiben geschnittenen Äpfel darin goldbraun dünsten, mit rosa Pfefferkörnern bestreuen und ebenfalls warm stellen. Die Leberscheiben nur pfeffern und in Mehl wälzen, im Öl bei mäßiger Hitze durchbraten und auf vorgewärmte Teller mit den Zwiebeln und den Äpfeln anrichten. Erst bei Tisch je nach Geschmack salzen und nachpfeffern.

Würste

Wildrohwürste

3,5 kg Wildfleisch	*1 EL Staubzucker*
500 g Schweinefleisch	*1 EL Neugewürz*
1 kg Speck	*1 TL gemahlener Kümmel*
140 g Pökelsalz	*1 EL Wacholderbeeren*
1 EL gemahlener Pfeffer	*1/16 l Rotwein*

Das Wildfleisch in kleineren Stücken 3 Tage trocken pökeln (mit dem Pökelsalz und den darunter gemischten Gewürzen gut einreiben), dann mit der 4-mm-Lochscheibe des Fleischwolfes faschieren. Das Schweinefleisch mit der 6-mm-Lochscheibe zerkleinern. Den gefrorenen Speck mit einem scharfen Messer in kleine Würfel schneiden. Das Wildfleisch mit dem Rotwein vermischen, die übrigen Zutaten beimengen, 10 Minuten gut durchkneten und 5 Stunden bei 2–8 °C rasten lassen. In Naturdärme abfüllen. 2 Tage abtrocknen, anschließend kalt räuchern.

Das Kalträuchern erfolgt bei 8–24 °C, wobei 3–4 Räucherphasen von 5–2 Stunden mit guter Zwischenbelüftung durchgeführt werden sollen. Als Räuchermaterial Buchenholz verwenden. Um den typischen Geschmack zu erreichen, können Wacholderzweige dazugegeben werden. Die Reifungszeit beträgt 14 Tage.

Je länger die Würste reifen, desto fester werden sie im Biss

GAMSWURST

2 kg Gamsfleisch	*1 EL Thymian*
3 kg Schweinefleisch	*1 TL Neugewürz*
50 g Pökelsalz	*1 EL Bohnenkraut*
60 g Kochsalz	*1 TL Koriander*
Salamigewürz (nach Angabe des Herstellers)	*5 Lorbeerblätter*
1 EL Pfeffer	*1/16 l Rotwein*
1 EL Wacholderbeeren	*1–2 EL Staubzucker*

Das gut vorgekühlte Fleisch wird in Stücke geschnitten und zweimal durch die grobe Scheibe des Fleischwolfes faschiert. Anschließend werden die restlichen Zutaten beigegeben und alles gut verknetet. Die Masse in Naturdärme abfüllen und wie bei den Wildrohwürsten weiter verfahren.

Beilagen

NUDELTEIG *Für 4 Personen*

300 g Weizenmehl	*1 EL Olivenöl*
3 Eier	*Salz*

Das Mehl auf ein Nudelbrett häufen, eine Mulde machen, in die die restlichen Zutaten kommen. Mit einer Gabel die Eier 2 Minuten aufschlagen und immer etwas Mehl dazumischen, dann das restliche Mehl einkneten, bis ein glatter Teig entsteht. Diesen in Klarsichtfolie wickeln und 1 Stunde ruhen lassen, bevor er weiter verarbeitet wird (Bandnudeln, Teigtäschchen).

PFEFFERNUDELN *Nudelteig siehe Rezept*

1 TL grobgemahlener Pfeffer

Zu den Zutaten wird 1 TL Pfeffer untergeknetet. Die weitere Zubereitung erfolgt wie im Rezept „Nudelteig“.

THYMIANNUDELN *Nudelteig siehe Rezept*

2 EL zerlassene Butter
1 EL gehackter, frischer Thymian

Den nach obigem Rezept hergestellten Nudelteig zu Bandnudeln weiterverarbeiten. Die fertigen Nudeln in Salzwasser kochen und mit der Butter und dem gehackten Thymian vermengen.

ZAUNBINDERNUDELN *Für 6 Personen*

500 g glattes Mehl	*1/8 l lauwarmes Wasser*
2 Eier	*Salz*
2 EL Öl	*2 Becher Crème fraîche*

Die Zutaten rasch zu einem glatten Teig verkneten und 1/2 Stunde rasten lassen. Den Teig in zwei 20 x 30 cm große Rechtecke ausrollen, mit Crème fraîche bestreichen und einrollen. Die Rolle in ein Tuch wickeln, an den Enden zubinden und ca. 1/2 Stunde in genügend Wasser köcheln. Nach dem Auswickeln mit flüssiger Butter bestreichen und in 1–2 cm dicke Scheiben schneiden.

Zaunbindernudeln eignen sich für die meisten Fleischzubereitungen als Beilage, da sie geschmacksneutral sind

Schwarzwurzeltascherln *Für 4 Personen*

130 g Mehl	*1/8 l Schlagobers*
2 Eier	*1 EL Butter*
1 Dotter	*1 TL Zitronensaft*
1 TL Olivenöl	*1 Prise geriebene Muskatnuss*
Salz	*Salz*
200 g Schwarzwurzeln	*weißer Pfeffer*

Die Zutaten zu einem glatten Nudelteig verkneten und 30 Minuten rasten lassen. Für die Fülle die Schwarzwurzeln schälen und in kleine Würfel schneiden. Mit dem Schlagobers und der Butter weich kochen und würzen. Den Teig in zwei Platten ausrollen und die erkaltete Masse in kleinen Häufchen darauf verteilen. Die Zwischenräume mit Wasser bestreichen und die zweite Teigplatte darauf legen. In den Zwischenräumen festdrücken und Täschchen ausstechen. In siedendem Salzwasser etwa 5 Minuten kochen und mit zerlassener Butter beträufeln.

TOPFENSPÄTZLE *Für 4 Personen*

130 g Mehl	*1 EL Grieß*
130 g Topfen	*Salz*
2 Eier, 2 Eigelb	*1 Prise geriebene Muskatnuss*

Die Zutaten zu einem geschmeidigen Teig verrühren und mit einer Spätzlepresse in siedendes Salzwasser einkochen. Stets umrühren, damit keine Klumpen entstehen. Nach dem Aufkochen abseihen, heiß abschwemmen und in zerlassener Butter schwenken.

MEHLSPÄTZLE *Für 6 Personen*

500 g glattes Mehl	*2 dl Milch*
3 Eier, 3 Eidotter	*1 EL Öl*

Zubereitung wie Topfenspätzle

WACHOLDER-NOCKERLN VOM BRETT (nach Willi Haider) *Für 4 Personen*

350 g Mehl	*Salz*
4 Eier	*30–40 Wacholderbeeren*
1/8 l Milch	

Die Wacholderbeeren zerstampfen, alle Zutaten gut verrühren und den Teig 20 Minuten rasten lassen. Salzwasser zum Kochen bringen und den Teig von einem nassen Brett mit dem Messerrücken in fingerdicken Stücken abschaben. Nach dem Aufkochen mit kaltem Wasser abschrecken und in zerlassener Butter schwenken.

SCHUPFNUDELN *Für 5 Personen*

500 g mehlige Kartoffeln	*Salz*
150 g Mehl	*Pfeffer*
30 g Grieß	*1 Prise geriebene Muskatnuss*
2 Eidotter	*2 EL Öl*
3 EL Butter	

Kartoffeln in der Schale in Salzwasser weich kochen, aus dem Wasser nehmen und 1/2 Stunde bei 100 °C im Rohr ausdampfen lassen. Die Butter zerlassen, die Kartoffeln schälen und mit eine Kartoffelpresse pressen, rasch mit allen übrigen Zutaten verkneten und den Teig 1 Stunde rasten lassen. Eine Rolle von 2 cm Durchmesser formen und in 1 cm dicke Scheiben schneiden, mit der flachen Hand zu Nudeln formen, ca. 1 Minute in wallendem Salzwasser kochen, herausnehmen und mit etwas Öl beträufeln.

Sellerie-Erdäpfel-Laibchen *Für 5 Personen*

250 g mehlige Kartoffeln	*Salz*
250 g Sellerie	*weißer Pfeffer*
1 Ei	*1 Prise geriebene Muskatnuss*
1–2 EL Schlagobers	*2 EL Öl*

Die Kartoffeln und die Sellerie schälen und in Würfel schneiden, in Salzwasser weich kochen und abseihen. Mit dem Kartoffelstampfer zerkleinern, das Ei unterrühren und je nach Konsistenz Schlagobers hinzufügen. Mit Salz, Pfeffer und Muskat abschmecken. In einer Pfanne das Öl erhitzen und mit einem Löffel den Teig portionieren und vorsichtig flachdrücken, hellbraun anbraten und dann wenden.

Hervorragende Beilage für Braten natur, Wildschnitzel natur oder Rückenfilets natur

Erdäpfel-Sellerie-Püree *Für 5 Personen*

400 g mehlige Kartoffeln
200 g Sellerie
1/16 l Schlagobers
2 EL Butter
Salz
weißer Pfeffer
1 Prise geriebene Muskatnuss

Kartoffeln und Sellerie schälen und grob raspeln, in wenig Salzwasser mit 1/16 l Schlagobers weich kochen und danach pürieren. Die Butter und die Gewürze beifügen.

Basilikumpüree *Für 5 Personen*

750 g mehlige Kartoffeln
100 g Butter
1/8 l Schlagobers
1/4 l Milch
2 Handvoll frisches Basilikumkraut
1 Prise geriebene Muskatnuss
Salz
weißer Pfeffer

Die Kartoffeln schälen und in Salzwasser weich kochen, danach zerstampfen oder durch eine Kartoffelpresse drücken, die Butter und den Schlagobers einrühren. Milch wird soviel zugegeben, bis die Konsistenz des Pürees stimmt. Mit Salz, Pfeffer und Muskatnuss abschmecken.

Das Basilikumkraut in Streifen schneiden und mit etwas Püree mischen und pürieren. Diese Masse unter das restliche Püree mengen.

Polenta-Ecken *Für 6 Personen*

180 g Maisgrieß
1/4 l Wasser
1/4 l Milch
2 Eidotter
5 EL geriebener Parmesan
2 EL Butter
Salz
1 Prise geriebene Muskatnuss
Öl zum Anbraten

Wasser, Milch und Butter aufkochen und den Maisgrieß langsam einrühren. Vorsichtig kochen, bis der Maisgrieß weich ist. In die warme Masse Eidotter, Parmesan, Salz und Muskatnuss einrühren. Die Masse auf ein eingefettetes Backblech ca. 1 cm dick ausstreichen und erkalten lassen. Die erkaltete Masse in Ecken schneiden oder Taler ausstechen und in heißem Öl knusprig herausbraten.

MARONI-LASAGNE *Für 4 Personen*

300 g Erdäpfelpüree
100 g Maronipüree
50 gekochte oder gebratene Maroni
2 Strudelteigblätter
Fett zum Backen

Die Pürees vermengen und langsam erwärmen, die gehackten Maroni daruntermengen. Die Strudelteigblätter in ca. 5 x 5 cm große Quadrate schneiden und in Fett goldgelb backen. Das Püree mischen, in einen Dressiersack füllen und nach und nach Püree und Strudelblätter übereinander schichten.

Mit dieser rasch und einfach zubereiteten Beilage können Sie Ihre Gäste beeindrucken

HERRENPILZ-GRATIN *Für 4 Personen*

400 g Kartoffeln
200 g Herrenpilze
1 Zehe Knoblauch
2 EL Butter
1/4 l Schlagobers
1/4 l Milch
3 EL geriebener Parmesan
Salz
Pfeffer
1 Prise geriebene Muskatnuss

Herrenpilze und Knoblauch blättrig schneiden und in Butter kurz anrösten, salzen, pfeffern und beiseite stellen. Die Kartoffeln schälen und in dünne Scheiben schneiden. In einer mit Butter ausgestrichenen Form abwechselnd schuppenartig Kartoffel und Pilze übereinander schlichten, dabei die Kartoffeln leicht salzen und mit Muskat einreiben. Das Milch-Schlagobers-Gemisch darüber gießen und bei 150 °C im Backrohr 45 Minuten backen. Den Parmesan darüber streuen und bei starker Oberhitze kurz gratinieren.

Griesspalatschinken *Für 4 Personen*

1/4 l Milch	*3/8 l Milch*
2 Eier	*150 g Grieß*
150 g Mehl	*4 EL geriebener Parmesan*
1 EL feingehackte Petersilie	*4 EL Butter*
Salz	*2 Dotter*
Öl	

Für den Palatschinkenteig Milch, Eier und Salz verquirlen, dann das Mehl langsam einrühren. Zum Schluss die feingehackte Petersilie untermengen. In einer Pfanne etwas Öl erhitzen und die Palatschinken herausbacken.

Für die Fülle die Milch aufkochen und den Grieß unter ständigem Rühren einkochen. Die restlichen Zutaten unterrühren und die Fülle auf die Palatschinken aufstreichen, zusammenrollen und in ca. 3 cm große Stücke schneiden. Die Schnittflächen in etwas heißem Öl goldbraun anbraten und kurz in das heiße Backrohr stellen.

Grießpalatschinken ergeben eine wohlschmeckende, dekorative Beilage

Serviettenknödel *Für 4 Personen*

300 g Semmelwürfel	*1/2 Bund feingehackte Petersilie*
1 Ei	*Salz*
1/4 l Mineralwasser	*1 Prise geriebene Muskatnuss*

Die Semmelwürfel mit dem Mineralwasser anweichen und mit den übrigen Zutaten gut vermischen. Die Masse auf ein Tuch geben, einrollen (ca. 8 cm Durchmesser) und an beiden

Enden zubinden. In einem genügend großen Topf Wasser zum Sieden bringen und die Serviettenknödel ca. 40 Minuten langsam sieden.

SEMMELKNÖDEL *Für 4 Personen*

300 g Semmelwürfel
3 Eier
2 EL Butter
1/4 l Milch
1/2 Bund feingehackte Petersilie
Salz
1 Prise geriebene Muskatnuss

Die Milch (Zimmertemperatur) über die Semmelwürfel schütten und anweichen lassen. Die Butter schaumig rühren und die Eier untermengen. Die angeweichten Semmelwürfel beigeben und mit Muskatnuss, Petersilie und Salz würzen. In einem großen Topf Wasser zum Sieden bringen, die geformten Knödel ca. 30 Minuten langsam wallend kochen lassen.

KARTOFFELKNÖDEL *Für 6–7 Personen*

1 kg mehlige Kartoffeln
200 g griffiges Mehl
2 EL Grieß
2 Eier
2 EL Butter
Salz
1 Prise geriebene Muskatnuss

Die Kartoffeln in Salzwasser kochen, schälen und durch die Kartoffelpresse drücken. Die restlichen Zutaten unterrühren und Knödel formen. In einem großen Topf Wasser zum Sieden bringen und die Knödel einkochen. Bei Bedarf noch etwas Mehl zum Teig geben.

EIERSCHWAMMERLSTRUDEL *Für 4 Personen*

1 Packung fertiger Strudelteig
500 g Eierschwammerln
1 Zwiebel
1 EL Olivenöl
2 EL Butter
1 EL Mehl
1/8 l Sauerrahm
1/16 l Weißwein
2 Eier
2 EL gehackte Petersilie
Salz
Pfeffer

Den Zwiebel fein hacken und im Olivenöl glasig anrösten, die feingeschnittenen Eierschwammerln hinzufügen und solange rösten, bis alle Flüssigkeit verdampft ist. Die

Schwammerln aus der Pfanne nehmen, den Bratenrückstand mit Weißwein aufkochen und die mit Mehl vermengte Butter hinzufügen, die Schwammerln untermengen, salzen, pfeffern und abkühlen lassen. Unter die abgekühlte Masse wird ein Ei, der Sauerrahm und die Petersilie gemischt. Die Masse auf den Teigblättern verteilen, den Strudel zusammenrollen und mit versprudeltem Ei bestreichen. Danach im Rohr bei 180 °C etwa 40 Minuten backen.

Rotkraut *Für 6 Personen*

1 mittlerer Kopf Rotkraut
1 Zwiebel
2 EL Olivenöl
1 EL Preiselbeeren
2 kleine oder 1 großer Apfel
1/4 l Rotwein
1 EL Zucker
1 Lorbeerblatt
1 Zitrone
1 Orange

Das feingeschnittenen Kraut mit dem Saft der Zitrone und der Orange sowie etwas Salz vermengen und eine Stunde stehen lassen. Das Fett erhitzen und die feingehackte Zwiebel glasig anrösten, den Zucker beifügen und karamellisieren lassen. Mit dem Rotwein ablöschen und das Kraut unterrühren, das Lorbeerblatt beigeben und ca. 45 Minuten zugedeckt dünsten. Den geriebenen Apfel und die Preiselbeermarmelade unterrühren und noch einmal aufkochen lassen.

Rotkrautstrudel *Für 6 Personen*

1 kg Rotkraut
1 Zwiebel
100 g Walnüsse
1 Bund Petersilie
1/8 l Rotwein
1/4 l Schlagobers
2 Eidotter
2 EL ÖL
2 EL Butter
1/4 TL Kümmel
Salz
Pfeffer
1 Pkg. Strudelteig

Rotkraut schaben oder fein schneiden, mit Salz, Kümmel und Pfeffer vermengen und 20 Minuten rasten lassen.

Zwiebel fein schneiden, in Öl hell anrösten und mit dem Rotwein ablöschen. Das Kraut ausdrücken, dazugeben und 15 Minuten weich dünsten. Schlagobers zugießen und offen dick einkochen. Die Masse etwas auskühlen lassen und dann Dotter, Nüsse und Petersilie beimengen und erkalten lassen.

Das Strudelblatt auflegen, mit zerlassener Butter bestreichen und ein zweites Blatt darauflegen. Die Fülle wird aufgestrichen und der Teig zusammengerollt, auf ein Blech gelegt, mit zerlassener Butter bestrichen und im Rohr bei 180 °C etwa 30 Minuten gebacken.

BOHNSCHOTEN (FISOLEN, GRÜNE BOHNEN) IM SPECKMANTEL *Für 4 Personen*

300 g grüne Bohnschoten
100 g Hamburgerspeck in dünnen Scheiben
2 EL Olivenöl
1 TL Kümmel
Salz

Die Bohnschoten putzen und im siedenden Salzwasser mit dem Kümmel bissfest kochen. Jeweils 5 Bohnschoten mit einer Scheibe Speck umwickeln und im heißen Öl rundum anbraten.

SPECKLINSEN *Für 4 Personen*

250 g Linsen
80 g Hamburgerspeck
3 Zwiebeln
1 Knoblauchzehe
2–3 EL Balsamico-Essig
1/8 l Schlagobers
Salz, Pfeffer
1/2 Bund gehackte Petersilie

Speck, Zwiebeln und Knoblauch fein würfeln und glasig anschwitzen, mit Balsamico-Essig ablöschen und reduzieren. Die vorgekochten Linsen (oder Linsen aus der Dose) unterrühren, Schlagobers beifügen, kurz aufkochen lassen, mit Salz und Pfeffer abschmecken. Vor dem Anrichten die gehackte Petersilie darüber streuen.

RAHM-SPECKKOHL (nach Willi Haider) *Für 4 Personen*

150 g Kohl
100 g Hamburgerspeck
3–4 EL Schlagrahm
Salz
Pfeffer
1 Prise geriebene Muskatnuss

Den Kohl in kochendem Salzwasser bissfest blanchieren, in Eiswasser abschrecken. Den Strunk herausschneiden und fein schneiden, mit 1/8 l Suppe und 3–4 EL Schlagobers vermengen, mit Salz, Pfeffer und etwas Muskatnuss würzen, weich kochen und mixen. Die Kohlblätter in Streifen schneiden und mit den angerösteten Speckwürfeln und dem Kohlpüree vermengen und erwärmen.

KÜRBISGEMÜSE *Für 4 Personen*

250 g Kürbisfleisch
1 kleine Zwiebel
3 EL Olivenöl
Salz
Pfeffer

Kürbis in Würfel schneiden und zusammen mit der feingehackten Zwiebel im Olivenöl anrösten. Bei Bedarf etwas Wasser zufügen und 10 Minuten dünsten, mit Salz und Pfeffer abschmecken.

BUNTES GEMÜSE *Für 5 Personen*

100 g Karotten
100 g Pastinaken (gelbe Karotten)
100 g Zucchini
100 g Broccoli
1 EL Butter
Salz

Karotten, Pastinaken und Zucchini in Streifen von ca. 3 cm Länge schneiden, die Broccoli in kleine Röschen zerteilen. Das Gemüse getrennt in siedendes Salzwasser geben und bissfest kochen, herausnehmen und in Eiswasser geben. Vor dem Anrichten die Butter in einem Topf zerlassen und das Gemüse darin erwärmen.

GLASIERTE KASTANIEN

50 g Zucker
1/16 l Wasser
Butter
200 g tiefgekühlte oder halbfertig gekochte, geschälte Kastanien

Den Zucker in einer trockenen Pfanne langsam goldgelb schmelzen, mit dem Wasser aufgießen, nicht umrühren und einkochen lassen. Die Kastanien hinzufügen und etwa 10 Minuten köcheln lassen. Mit einem Stück Butter glasieren.

DÖRRPFLAUMEN MIT SPECK (nach Willi Haider)

5 Dörrpflaumen pro Person
1 dünngeschnittene Scheibe Hamburgerspeck pro Pflaume

Pflaumen mit Speck umwickeln und mit einem Zahnstocher feststecken. In einer Pfanne bei mäßiger Hitze rundum anbraten und lauwarm servieren.

Gebackene rote Zwiebeln *Pro Person*

1 rote Zwiebel	*1 TL Butter*
1 TL frischer Thymian	*Meersalz*

Die trockene Schale der Zwiebeln entfernen und von oben kreuzweise einschneiden, aber nicht ganz durchschneiden. In die Zwischenräume je 1 TL gehackten Thymian, etwas Salz und 1 Teelöffel Butter geben. Den Boden einer Keramikauflaufform mit Meersalz bedecken und die Zwiebeln darauf legen. Bei 200 °C etwa 35 Minuten im Backrohr braten.

Diese Beilage bringt Farbe auf den Teller

Preiselbeerschaum (nach Willi Haider)

150 g Preiselbeeren	*200 ml Schlagobers*
100 g Zucker	

Die Preiselbeeren mit dem Zucker mit einer Rührmaschine so lange verrühren, bis sich der Zucker aufgelöst hat. Die Masse dann unter das steifgeschlagene Obers unterheben.

Petersiliensauce

300 g Petersilwurzeln
1 Bund Petersilie
1 Zwiebel
1 EL Butter
1/4 l Schlagobers
3 EL Weißwein
Salz
weißer Pfeffer

Den feingehackten Zwiebel in Butter glasig anrösten, die geschälten und in Scheiben geschnittenen Petersilwurzeln kurz mitrösten, den Weißwein und den Schlagobers hinzufügen und die Wurzeln weich kochen. Danach die Wurzeln mit dem halben Bund geschnittener Petersilie pürieren. Die restliche Petersilie fein hacken, untermengen und mit Salz sowie weißem Pfeffer abschmecken.

Grappa-Rosinen

250 g Rosinen
100 g Zucker
1/8 l Weißwein
1/8 l Grappa
4 EL Portwein
2 EL Vanillezucker
1 Zimtstange
Schale je einer halben unbehandelten Orange und Zitrone

Alle Zutaten vermischen und 24 Stunden an einem kühlen Ort ziehen lassen. Dann einmal aufkochen, in Gläser füllen und verschließen.

2 Wochen ziehen lassen!

Ebereschen-Apfel-Gelee

500 g Äpfel
500 g Vogelbeeren (Ebereschen)
500 g Gelierzucker 2:1

500 g geschälte und gemixte Äpfel mit 500 g gewaschenen Vogelbeeren (am besten nach dem ersten Frost gesammelt) werden mit Gelierzucker (1/2 kg Zucker für 1 kg Früchte) langsam, unter ständigem Rühren, erwärmt und ca. 5 Minuten gekocht. Die heiße Marmelade wird in Gläser abgefüllt und gut verschlossen.

Dieses Gelee eignet sich sehr gut für alle Wildgerichte.

EBERESCHEN(VOGELBEER)GELEE

500 g Vogelbeersaft
500 g Gelierzucker 1:1

Die Vogelbeeren von den Stielen streifen, in einen Kochtopf geben und sparsam mit Wasser bedecken. Solange köcheln lassen, bis den Früchten Saft und Kraft entzogen ist. Die Brühe fein durchsieben, abwiegen und mit der gleichen Menge Gelierzucker einkochen, und zwar so lange, bis eine Probe fest geworden ist. Das Gelee in Gläser abfüllen und gut verschließen.

Ebereschen-Apfel-Gelee oder Ebereschengelees sind eine geschmacklich interessante Beilage

ROTWEINGELEE

1/2 l Apfelsaft
1/2 l Rotwein
500 g Gelierzucker 2:1
frische Rosmarinzweige
frische Salbeiblätter

Apfelsaft, Wein und Zucker werden erhitzt und so lange gekocht, bis die Probe geliert. In vorbereitete Marmeladegläser werden ein Rosmarinzweig und 2 Salbeiblätter gegeben, mit dem Gelee aufgefüllt und die Gläser gut verschlossen.

Preiselbeer-Obers-Kren (nach Willi Haider)

1/4 l Schlagobers
1 EL geriebener Kren (oder aus dem Glas)
4 EL Preiselbeerkompott oder nicht zu süße Preiselbeermarmelade
Salz, Zucker nach Geschmack

Schlagobers steifschlagen, Preiselbeerkompott und Kren untermengen, mit Salz und etwas Zucker abschmecken.

Hirschschinken mit Preiselbeer-Obers-Kren

Geschichtliches - Wildkrankheiten - Rechtliches

Wildküche und Volksheilkunde vor 300 Jahren

Nachfolgende Zitate aus dem „Puech von allerlai Jägerei und Waidmannschafften" von Martin Strasser von Kollnitz, verfasst Anfang des 17. Jahrhunderts, zeigen uns einerseits, dass Wildbrethygiene nichts Neues ist und dass aber auch Zubereitungsarten, Geschmäcker und Weidmannsregeln in den letzten Jahrhunderten deutlichen Wandlungen unterworfen waren.

Anweisungen fürs Aufbrechen

Wie man die Hürsch und auch die Stukhwilt zerwürkhen, auswaidnen und ausziechen solle (Auszüge): *Wan man nun dergleichen Tier fachet, so soll mans auf der ploßen Haut, wansgleich auf ainem wasigen oder grasigen Grundt liget, durchaus nit ziechen oder schlaipfen, wenig oder vil.* (Dies wurde hauptsächlich zur Schonung der Haut für die spätere Lederproduktion, aber auch zur Schonung des Wildbrets angeraten).

... Das Auswaidnen wöllen etlich alein auf das Gewaidt, das ist, was unter oder hinter der Krafft (Zwerchfell) *gögen den Nierstall in dem Hirschen ligt, verstanden haben. Und unter diesem Namen des Gewaidts wird verstanden der Magen, die Wampen, das Geschaidt (das sein die Darmb), dan auch der Waiddarmb und die Plater* (Harnblase). *... Wan ain Hürsch in der haut noch etlich Tag behalten werden will, so solle das völige hieob angedeutete Gewaidt alles, sonder auch die Krafft und das Kröb (das ist der Drossen vom Schluntknopf an, die Lungen, das Herz und die Löber und alles, was dergleichen in dem Hürsch ist) sauber herausgelodigt und mit saubern Diechern der Faisch* (Blut) *aufgetrücknet werden.*
Wan nun ain Jäger waidnen will, so soll er den Hürsch in das Khürn lögen an den Ruggen und sodan zwischen die hintern Leiff des Hürsch mit dem Schinter oder großen Zwerchmesser stehen, sich hüeten, dass er nit über den edlen Hürsch mit den Füeßen schreite oder dröte, dan der Hürsch ist zu edl, dass man auf oder über ihn mit den Füeßen steigen und dröten solle, als wie es die Wasenmötzger zu tuen pflögen.

Der Hinweis, dass bei längerer Lagerung von Stücken in Decke auch Drossel und Schlund zu entfernen sind, zeugt von frühem Hygieneverständnis und sollte heute selbstverständlich sein. Auch die Verwendung *„sauberer Diecher"* (Tücher) wird angesprochen, heute wissen wir, dass Ausspülen mit Wasser von Trinkwasserqualität sowie großzügiges Abschärfen verschmutzter Teile vorzuziehen sind. Die im letzten Absatz angeführten Verhaltensmaßregeln sind Beleg für die Achtung vor dem erlegten Stück.

Hygieneregeln für das Aufbrechen sind über 300 Jahre alt

Genossenmachen des Hundes

Sodan solle der Jager nach Gelögenhait der Zeit, wan er seinem Laidhundt seine Recht ertailen will, ehe er den Hürsch aufschürffet oder öffnet, den Peitl oder Palg des Hürschengeschröts in der Müten voneinander aufschneiden, die Gremel (Brunftkugeln) *paide sovil herauslodigen und ziechen und in jede Gremel ain oder 2 Schnidt tuen, damits der Hunt, esto leichter mit dem Maul ergreifen, herausziechen und genüeßen müge.*

Wan der Jäger aber dergestalt kainen Laidthundt will genießen lassen bei dem Waidnen, so sol er den ersten Schnidt durch hinab zwischen dem Geschröt bis zu dem Waidloch tuen und gar auf das Schlußpain (Schloß), *darunter der Hals der Platern und der After- oder Waiddarmb lügt. Und obwohlen die Jäger solliches Schlußpain gemainiglich mit der Waidmösserklingen voneinander- oder durchzuschlagen oder zu klieben pflögen, so hat doch solliches Schlußpain auf der Müten ain solliches Grüspele, dass, wans nur recht drüfft, mans mit ainem starkhen Schinter oder Zwürchmesser gar woll mit der Hand durchschneiden khan, als ich es selbst probiert habe.*

In diesem Absatz finden sich sowohl konkrete anatomische Hinweise für richtiges Aufbrechen als auch Anleitungen für das Genossenmachen des Hundes (Leithundes) und das Öffnen des Schlosses mit der Messerklinge.

Auch Blut und Milch verwendet

„....Es ist auch der Faisch (= Blut) *und die Milich* (= Milch) *von den Gämbsen, warm aus dem Wilt getrunkhen (wölliches ich selbst offt getan) seer guet, gesundt, macht kröfftig die Glider an Fieß und Hendten, störkht das Haupt und verwart das Hiern vor dem Schwintl und macht herzhafft in dem scharffen Gewent und hochen Pürgen zu steigen. Gambsenfaisch, also warmb und gleichsamb haiß aus dem Wilt getrunk hen ist wolgeschmakh, gleich ainer kochten oder gewürzten warmen Prüe oder Supen. ...“*

Diese Beschreibung des teils medizinischen Einsatzes von Gamsblut und -milch stammt aus einer Zeit, in der Gämsen hauptsächlich als wandelnde Apotheke angesehen wurden und ihre Bejagung einzelnen Privilegierten und Spezialisten überlassen war. Vom geschabten Gamshorn (blutstillend, vertreibt Schlangen), der Brunftfeige in der Hand (lindert Geburtswehen, wirkt gegen eheliche Untreue) über die vielfältigen Anwendungsmöglichkeiten der Bezoarsteine oder Gamskugeln bis hin zu den Schalen (gegen Schwindel) gab es nahezu keinen Körperteil, dem nicht irgendwelche Heilkräfte zugeschrieben wurden.

Wildbretschonung und Kitzbejagung

Es fallen offtmals die Gämbsen, wan sie geschossen oder aus den Gewendt ausgestochen oder geworffen werden, seer hoch ab, zerfallen offtermals das Wildprät und das Gewaidt durcheinander gleich ainem vermischten Koch oder Daig, …

Bereits vor 350 Jahren erkannte Martin Strasser von Kollnitz die nachteilige Wirkung von Abstürzen oder massiven inneren Verletzungen auf die Wildbretqualität – Wildbrethygiene ist nichts Neues!

Dises Tiers und Wildpräts pöste Faisten ist des Pokhs von Bartholomei, des heiligen Apostls Dags an bis auf das Föst Aller Heiligen Gottes (24. August – 1. November). *Der Gambsgaiß Faisten aber ist von des heiligen Bischofs Martini Tag an bis auf Weinachten* (11. November – 24. Dezember). *Umb Allerheiligentag höbt sich der Gämbsen Prunfft an, umb Pfingsten, nach Gelegenhait der Prunfft, ob si früe oder spat prunfften, höben die Gaiß an zu khützen oder zu setzen. Das pöste, edliste Gämbseswiltprät ist ain saugetes Kitz, bei 4, 6 oder in die 8 Wochen alt.*

Interessant ist sowohl der Hinweis, dass Gamswildbret schon damals Anfang November bevorzugt wurde, was sich heute durch den höheren Gehalt an intra- und intermuskulärem Fett (= Geschmacksträger) erklären lässt, aber damals bereits empirisch erkannt wurde. Die heute schwer vorstellbare Altersangabe zur Kitzbejagung (4 bis 8 Wochen alt) war damals ebenso im Sinne der Weidgerechtigkeit wie die im nachfolgendem Zitat vorgeschlagene Zubereitungsart von Sulzen aus noch ungeborenen Kälbern oder Kitzen.

„Ain köstliche Sulzen machen“

Schieß ain draggets (!) Stukhwilt, nümb das Kalb heraus (ain Hürschkhalb ist bösser) und den Faisch (= Blut) aus dem Wild, dues zusamen in ain große Pastöten- oder andere Pfanen, zerhakhs zuvor, verdökhs und verlutiers gar wol mit Laimb, prenn also diese Materiae in der Pfann zu Pulver. Alsdan nimb wolgeprenten Pachoffenlaimb, Panen- und Kornlüe, je mehr, je pösser, Ainhaggen- oder Eberwurzenpulver, zimblich vill, Aneis sovil du willst, Pergsalzstein oder gemaines Salz. Nimb sodann sovil Mansharb, dass du alle diese obgeschribene Materien darmit wol wohl durcheinander vermüschet anmachen und die Sulzen also schlagen mögest.

Auf die Gämbs und Rech macht mans gleichergestalt, alein mutatis mutandis, das ist, dass man ain Gämbs- oder Rechgaiß schieße, so ain Kitz in ier hat, und die hievor beschribne Materien, sonderlich auf die Rech. Zu den Gämbsen praucht man das Laimb selten, jedoch halt ich darfür, man wurde darmit nichts verdörben.

Das Verderben war in Zeiten lange vor Erfindung von Kühl- und Tiefkühlschrank ein stark limitierender Faktor in der Lagerung und Zubereitung von Lebensmitteln tierischer Herkunft.

Fuchs und Hase in der Küche und Volksheilkunde

Rund um Fuchs und Hase ranken sich nicht nur zahlreiche Fabeln, sie hatten auch in der Wildküche sowie volksmedizinisch große Bedeutung. Fleisch und Organen sowie Körperteilen von Fuchs und Hase wurden heilende Wirkungen zugeschrieben.

Fuchshirn gegen Epilepsie

Im Jagdbuch des Martin Strasser von Kollnitz („Puech von allerlei Jägerei und Waidmannschafften") finden wir folgende Hinweise:

„.... Sein Palg ist guet von St. Michaels Tag an bis auf Liechtmössen, am pösten vor Weihnachten. Zu wö sein Wildtprät und die Faisten, die Augen, das Zenndl, die Zung, die Lungl und dergleichen zu der Arznei und anderwög zu prauchen sei, gehört in dises Puech nit, sonder in die Appoteggen- und Arzneipüecher, derowögen ich's alhie zu beschreiben unterlasse..."

Der Fuchs hatte von der Antike bis ins Mittelalter sowohl Bedeutung als Fleisch- und Balglieferant als auch für medizinische Zwecke. In der hippokratischen Schrift über die Diätetik steht geschrieben, dass Fuchsfleisch feucht sei und den Harn treibe, eine Eigenschaft, die es im Übrigen mit dem Igelfleisch gemein habe. Lonicerus meinte: *„Fuchsfleisch ist warmer und trückner Natur / in der Speise genossen / dient es denen / so einen kalten schleimigen Magen haben / den Cholerischen aber ist es schädlich"*. Fuchshirn, von einem Fuchs, der im Zunehmen des Mondes im Zeichen der Jungfrau vormittags von einem Hunde gefangen wurde, galt als Mittel gegen epileptische Anfälle. Fuchshoden galten weithin als männerstärkend: *„Die Fuchshoden gedörrt / gepülvert / und einen halben Löffel voll davon getruncken / machet diejenigen hurtig / so sich der Weiber nicht gebrauchen können."* Andere Autoren verschrieben den rechten Hoden dem Manne und den linken der Frau. Der Penisknochen war ebenfalls ein Aphrodisiakum, nebenbei wurde er älteren Leuten bei Kopfweh umgebunden. Auch zwischen Krankheiten des Menschen und jenen des Fuchses gab es bereits frühe Hinweise und Vergleiche, was heute eigentlich auch nicht verwundern soll, wenn man bedenkt, dass zahlreiche „Arzneien" von Wildtieren roh genossen wurden und somit Zusammenhänge vermutlich tatsächlich im einen oder anderen Fall als „Nebenwirkung" gegeben waren. So nannte man den Keuchhusten früher auch „Fuchs- oder Hundshusten", den Husten der Schwindsüchtigen („Gottesackerhusten") verglichen die Franzosen mit dem Bellen des Fuchses.

Paracelsus legte Fuchsfleisch bei Pest auf und setzte Fuchsfett bei Kolik, Gliederzittern und bei Gelbsucht ein. Als Wundmittel galt die Zunge eines im März getöteten Fuchses. Zudem Verwendung fanden auch Fuchsniere (gegen Halsschwellung), Galle (bei trüben Augen), Fuchslunge (Asthmamittel). Sogar Fuchslosung wurde für medizinische Zwecke in so genannten „Dreck-Apothecken" angeboten.

Fuchsfleisch ist vor dem Verzehr übrigens unbedingt auf Trichinen zu untersuchen.

Meister Reinecke (von Lukas Cranach d. Ä. 1515), aus dem Gebetsbuch Kaiser Maximilans I.

Hasenfleisch macht schön

Bei den Römern waren Märzhasen bedeutende Fruchtbarkeitsopfer. Hasenblut und Körperteile des Hasen wurden gegen zahlreiche Krankheiten äußerlich und innerlich angewendet. Dem Hasen sagte man immense geschlechtliche Aktivitäten nach. Papst Zacharias verbot aus Besorgnis, dass die „Geylheyt vom Hasen" Menschen anstecken könnte, Christen den Genuss von Hasenfleisch. In Klöstern wurde vielleicht deshalb der Hasenbraten in ein Hasengebäck verwandelt. Plinius war der Meinung, dass Hasenfleisch schön mache sowie für neun Tage „Wohlgefälligkeit" verschaffe; weiters sollte Hasenfleisch gegen Unfruchtbarkeit bei Frauen wirken. Männern riet Plinius, sie sollten Geschlechtsteile von Häsinnen und Hoden von Rammlern essen sowie Fruchtwasser unreifer Hasen trinken. Nach Hippokrates ist Hasenfleisch trocken und wirkt stopfend. Jungfrauen empfahl er die Einnahme von neun Kugeln Hasenlosung für straffe Brüste.

Aus Besorgnis, dass die „Geylheyt vom Hasen" Menschen anstecken könne, verbot Papst Zacharias den Genuss von Hasenfleisch

Schlussendlich wurden auch die Blume des Hasen sowie die Lunte des Fuchses zur Steigerung der Libido verwendet. Die Wirkung war vermutlich nicht mit jener heutiger, „moderner“ Mittel vergleichbar, Nebenwirkungen bestanden dafür aber auch nur höchstens in Geruchsbelästigungen, und bekanntlich kann der Glaube Berge versetzen.

Lebensmittelrelevante Wildkrankheiten

Unter „Zoonosen“ werden sämtliche Krankheiten und/oder sämtliche Infektionen verstanden, die auf natürlichem Weg direkt oder indirekt zwischen Tieren und Menschen übertragen werden können. Heute sind über 200 wechselseitig übertragbare Krankheiten bekannt, die durch Viren, Bakterien, Parasiten und Pilze verursacht werden. Einige dieser Erkrankungen können auch durch Lebensmittel tierischer Herkunft übertragen werden.

Infektionen durch Tierkontakt oder Lebensmittel

Als bedeutendste Zoonosen im Zusammenhang mit heimischen Wildtieren sind Tollwut, Brucellose, Tularämie, Pseudotuberkulose, Leptospirose, Chlamydiose, Alveoläre Echinokokkose, Trichinose und Botulismus zu nennen.

Neben dem direkten Kontakt mit den Wildtieren **(Kontaktzoonosen)** können Zubereitungsarten der „nouvelle cuisine“, die z.T. „rosa abrinnenden Fleischsaft“ verlangen, zu Lebensmittelinfektionen und intoxikationen **(Foodborne diseases)** führen. Zusätzliche Beachtung muss der in den letzten Jahren stark zunehmenden Direktvermarktung von Wildfleisch und Wildfleischprodukten geschenkt werden. Auch die Gatterhaltung von Wildtieren (hohe Tierdichten!) als extensivierte Form der Nutzung landwirtschaftlicher Flächen nimmt in vielen Ländern zu. Weitere Risikofaktoren bergen regionale Tendenzen zur Extensivierung und Freilandhaltung von landwirtschaftlichen Nutztieren, die damit wieder in engeren Kontakt mit Wildtieren und deren Krankheitserregern (*Trichinella spiralis, Brucella* sp. usw.) treten, sowie der internationale Handel mit lebenden Wildtieren und Wildfleisch und letztlich auch der Jagdtourismus durch die Mitnahme von Trophäen und Wildfleisch.

Richtlinie 1992

Trotz deutlicher Verbesserung der Wildbrethygiene im Zuge der nationalen Umsetzungen wildfleischhygienischer Vorschriften entsprechend der RL 92/45/EWG (Richtlinie zur Regelung der gesundheitlichen und tierseuchenrechtlichen Fragen beim Erlegen von Wild und bei der Vermarktung von Wildfleisch) ist besonders bei der Direktvermarktung von sogenanntem „Kleinwild“ (Hase, Fasan, Ente) auf die Verantwortung des Jägers hinzuweisen, da gerade diese Wildarten relativ häufig Träger von Zoonoseerregern sind. Lebensmittelhygienische Risikopotentiale im Zusammenhang mit Kleinwild („Niederwild“) sind neben dem relativ häufigen Auftreten von Zoonosen bei diesen Wildarten auch der auf Niederwild übliche Schrotschuss (hochgradige Kontamination der Muskulatur und Leibeshöhle), ein meist verspätetes Ausweiden („Auswerfen“), die Möglichkeit der Direktvermarktung an große Konsumentenkreise sowie nicht durchgegarte Speisen (z.B. „rosa Entenbrust“).

Wildtiere können auch Indikatoren für das Auftreten von Zoonosen bei landwirtschaftlichen Nutztieren sein, wie dies z.B. Fälle von Tuberkulose bei Rotwild dokumentierten. Eine spezifische Schwierigkeit in der Erhebung und Abschätzung der Häufigkeit von Wildtierkrankheiten ist die zahlenmäßige Erfassung/Schätzung der Gesamtpopulation der jeweiligen Wildtierart.

Feldhase sehr krankheitsanfällig

Bei insgesamt 630 Feldhasen aus der Steiermark, die zwischen 1961 und 1996 in der Bundesanstalt für veterinärmedizinische Untersuchungen in Graz untersucht wurden, konnten einige Zoonosen diagnostiziert werden.

Zoonosen beim Feldhasen in der Steiermark *(n. DEUTZ u. HINTERDORFER, 1999)*

Potentielle Zoonosen (Erreger)	**Anzahl positiver Befunde (%)** (n = 630)
Pseudotuberkulose *(Yersinia pseudotuberculosis)*	148 (23,5)
Pasteurellose *(Pasteurella multocida)*	37 (5,9)
Brucellose *(Brucella suis)*	35 (5,6)
Staphylokokkose	22 (3,5)
Streptokokkeninfektion	7 (1,1)
Listeriose *(L. monocytogenes)*	5 (0,8)
Toxoplasmose *(Toxoplasma gondii)*	4 (0,6)
Tularämie *(Francisella tularensis)*	2 (0,3)
Salmonellose	1 (0,2)

Diese Ergebnisse bestätigen sowohl die hohe Krankheitsanfälligkeit der Hasen wie auch mögliche Gefahren für die menschliche Gesundheit. Es zeigten auch über 40 % der im Feldhasenprojekt 1995/96 als gesund erlegten Hasen deutliche krankhafte Veränderungen. **Pseudotuberkulose** ist eine häufige, verlustreiche Infektionskrankheit des Feldhasen, deren Bezeichnung von den tuberkuloseähnlichen knotigen Veränderungen in verschiedensten Organen herrührt. Die Infektion mit den relativ kälteresistenten Erregern erfolgt überwiegend im Herbst/Winter über Äsung, Wasser und Kot. Der Erreger der Pseudotuberkulose ist ähnlich wie der der **Listeriose** weit in der Umwelt verbreitet und überlebt lange außerhalb von Tieren. **Brucellose** der Feldhasen führt im chronischen Krankheitsverlauf zu Knotenbildungen vorwiegend in Geschlechtsorganen, Milz, Leber, aber auch in Unterhaut und Muskulatur. Mit der Zunahme extensiv gehaltener Schweine vergrößert sich auch die Gefahr der Übertragung von *B. suis* auf Hausschweine. Im Untersuchungsgebiet wurde *B. suis* in derselben Gegend sowohl beim Feldhasen als auch bei einem Zuchtschwein nachgewiesen. Die **Tularämie** tritt in Ost- und Südostösterreich beim Menschen (etwa zehn Fälle jährlich!) sowie bei Feldhasen und Feldmäusen auf. Weitere europäische Endemiegebiete liegen in Deutschland, skandinavischen Ländern, Tschechien, der Slowakei und in der Schweiz.

Zoonosen beim Federwild

Beim Federwild sind gegenüber den bisher beschriebenen Wildtierarten weitere epidemiologische Faktoren, wie die Volierenhaltung mit hohen Tierdichten und (Ei-)Importe (Fasan, Rebhuhn) sowie die Übertragung von Krankheitserregern im Wasser und der Vogelzug (Enten) zu berücksichtigen. Jagdbares Federwild ist besonders im Zusammenhang mit Salmonellose sowie Psittakose und Campylobacteriose zu nennen. Ergebnisse eigener Untersuchungen von Kloakentupferproben erlegter Fasane und Enten auf *Campylobacter* spp. und Salmonellen sind in nachfolgender Tabelle angeführt.

Untersuchung von Fasanen und Enten auf Campylobacter spp. und Salmonellen

	Fasane (n = 142)	**Enten** (n = 87)
Campylobacter jejuni/coli/lari	14 (9,9 %)	18 (20,7 %)
Salmonella spp.	0 (0 %)	1 (1,1 %)

Im Jahre 1998 verendeten in der Steiermark 350 Stockenten und 10 Hausenten, die Maden von verendeten Stockenten aufgenommen hatten, im Großraum einer Teichanlage an **Botulismus**. Beim Auftreten von **Botulismus** sind besonders das verzögerte Ausweiden von Wildenten, angeschossene und erst am nächsten Tag aufgefundene Enten und unzureichendes Garen Risikofaktoren für Lebensmittelvergiftungen.

Zoonosen beim Schalenwild

Von heimischen Schalenwildarten gehen insgesamt deutlich geringere Infektionsgefahren als vom Niederwild aus. Die Dunkelziffer von Zoonosen, die von Haus- und Wildtieren ausgehen, dürfte aber nicht unerheblich sein, zumal viele Erkrankungen mit grippeähnlichen Symptomen verlaufen und Zusammenhänge mit Tierkontakten bzw. mit von Tieren stammenden Lebensmitteln häufig nicht aufgestellt werden. Die Zunahme des Verzehrs von Rohprodukten (Carpaccio, Rohschinken, -würste usw.) aus Wildfleisch und das Vorkommen humanpathogener Keime (wie Listerien, Salmonellen und *E. coli*) auf Wildfleisch fordern angepasste Qualitätsmanagement- und Kontrollstrategien. Salmonellose und Pseudo-Tuberkulose dürften häufiger bei Gatterwild auftreten. Für die durch Zecken übertragene Borreliose, Ehrlichiose und FSME (Frühsommermeningoenzephalitis) sind Wildtiere Erregerreservoire und haben somit zumindest indirekt Bedeutung für den Menschen.

Die krankheitsanfälligste Schalenwildart ist das Rehwild. Zoonosen, die von **Rehwild** ausgehen können, sind hauptsächlich Pseudotuberkulose, Leptospirose, Chlamydiose, Q-Fieber, Campylobacteriose, Listeriose und selten Trichophytie, wobei diese Erkrankungen vereinzelt auch bei anderen Schalenwildarten vorkommen.

Beim **Wildschwein** sind besonders Trichinose, Leptospirose, Rotlauf, Campylobacteriose, Salmonellose und Brucellose zu erwähnen. Zur Trichinose wird auf das Kapitel „Trichinen – selten aber gefürchtet“ verwiesen. Dass bei der national und international lückenhaft durchgeführten Trichinenuntersuchung bei Schwarzwild nicht mehr Humanfälle auftreten, dürfte hauptsächlich dem Umstand zuzuschreiben sein, dass Füchse in Flachlandgebieten – dem Hauptverbreitungsgebiet des Schwarzwildes – in deutlich geringerem Maße Trichinenträger sind als im Voralpen- und Alpenbereich. Dort neigen Füchse offensichtlich häufiger zu Kannibalismus bzw. zum Aufnehmen von Fuchskadavern/-kernen (d.h. Infektion wird unter Füchsen häufiger weitergegeben) als im Tiefland mit dem wesentlich breiteren Nahrungsangebot für den Nahrungsuniversalisten Fuchs. Im letzten Jahrzehnt vergrößerte sich jedoch das Verbreitungsgebiet des Wildschweines, welches sich mittlerweile bis in montane Bereiche erstreckt. Der Erreger der Brucellose beim Wildschwein, *B. suis*, ist ident mit jenem, der auch bei Feldhasen auftritt und der beim Menschen zu schweren Infektionen mit Leberentzündung sowie Milz- und Lymphknotenschwellung führen kann.

Scheinräude *(Sarcoptes rupicaprae)* und Dermatophilose *(Dermatophilus congolensis)* beim **Gams** sind weitere Zoonosen, die besonders bei Jägern auftreten könnten. Als Scheinräude bezeichnet man juckende Hautausschläge beim Menschen nach Besiedelung der Haut mit spezifischen Räudemilben von Tieren. Nachdem sich Räudemilben von Tieren in der menschlichen Haut nicht vermehren, heilen diese Ausschläge i.d.R. nach drei Wochen ab. Bei der Dermatophilose handelt es sich um eine beim Gams erst selten nachgewiesene (Schweiz, Österreich), aber sicherlich häufiger vorkommende bakterielle Zoonose, die als Hautentzündung ohne Juckreiz verläuft.

Bei **Damwild** in Gatterhaltung tritt relativ häufig die Pseudotuberkulose, bei **Muffelwild** vereinzelt Tuberkulose und Paratuberkulose auf, wobei der Zusammenhang zwischen Paratuberkulose und Morbus Crohn beim Menschen nach wie vor umstritten ist.

Zoonosen von Fuchs und Dachs

Weitere häufige Träger von Zoonosen sind Fuchs und Dachs. Neben dem sog. Fuchsbandwurm ist der Fuchs auch hinsichtlich der Trichinose von Bedeutung. Auch Wildschweine können über aufgenommene verendete Füchse oder Fuchskerne Trichinenträger werden, was ein zunehmendes Risiko birgt, da Wildschweinprodukte vermehrt roh (Rohwürste und Rohschinken) vermarktet werden. Dachse sind in letzter Zeit besonders in Großbritannien und den Niederlanden als Überträger der Tuberkulose auf Rinder sowie auf Gatterwild und damit als Infektionsquelle für den Menschen in Diskussion.

Vorbeugemaßnahmen, Verhaltensregeln

Besonders Jäger müssen ausgebildet und motiviert werden, beim Beobachten („Ansprechen") und Ausweiden von Wild immer auf krankhafte Veränderungen – im Speziellen Zoonosen – zu achten. Folgende Vorbeugemaßnahmen und Verhaltensregeln zur Minimierung des Infektionsrisikos können aufgestellt werden:

Schutzhandschuhe beim Aufbrechen

Auf auffällige Organveränderungen achten

- Spätestens bei Vorliegen von Veränderungen an erlegten jagdbaren Wildtieren sollten beim Ausweiden („Aufbrechen“) Einmalhandschuhe verwendet werden.
- Veränderungen sind in verstärktem Ausmaße diagnostisch abzuklären, nicht zuletzt, um zu wissen, mit welchen Krankheiten regional zu rechnen ist.
- Grundsätze der allgemeinen Hygiene (Händewaschen nach Kontakten) und auch der Küchenhygiene sind auf alle Fälle einzuhalten.
- Verzicht auf „nouvelle cuisine“ (rosa abrinnender Fleischsaft) zumindest bei Wild unbekannter Herkunft sowie mit unbekannter Lagerdauer und Kühltemperatur.
- Durchführung der gesetzlich vorgeschriebenen Trichinenuntersuchung (bei Wildschwein, Dachs, Fuchs, Nutria, Bär)
- Bei Übertragungsmöglichkeiten von Krankheitserregern über die Luft (*E. multilocularis* beim Abbalgen von Füchsen, *F. tularensis* beim Hantieren mit Feldhasen) ist Staubentwicklung aus dem Haarkleid durch Anfeuchten des Balges zu vermeiden.

Trichinen – selten, aber gefürchtet

Wegen der seit vielen Jahrzehnten vorgeschriebenen Trichinenuntersuchung ist die Trichinellose in Mitteleuropa sehr selten geworden. In den letzten Jahren traten aber immer wieder teils größere Ausbrüche auf, die meist mit Importen von Fleisch und Fleischprodukten zusammenhingen. Es steigen aber auch die Befallsraten bei heimischen Wildtieren (Schwarzwild, Fuchs) in einigen europäischen Ländern, was in Verbindung mit den derzeitigen Verzehrsgewohnheiten (vermehrt Rohprodukte und unzureichend Gegartes) ein entsprechendes Infektionsrisiko für den Menschen darstellt.

Es wird vermutet, dass Trichinen Anfang des 19. Jahrhunderts mit chinesischen Schweinen nach Europa gelangt sind. Zum ersten Mal beschrieben wurde die Infektion eines Menschen bereits 1835 in London. Trichinen parasitieren als geschlechtsreife Würmer im Dünndarm und als Larven in der Muskulatur von Wild- und Hausschwein, Fuchs, Bisam-, Haus- und Wanderratten, Wühlmäusen, Nutria, Marderartigen, Pferden usw. Als Hauptansteckungsquelle für den Menschen, der auch an Trichinellose erkranken kann, gelten Wild- und Hausschwein. Wildschweine infizieren sich ihrerseits meist durch die Aufnahme trichinöser Fuchskadaver oder ausgelegter Fuchskerne. Die aufgenommenen Erstlarven entwickeln sich im Darm des Wirtes zu geschlechtsreifen Trichinen, wobei ein Weibchen ca. 1.000 Jungtrichinellen legt. Diese Larven gelangen über den Blutweg in gut durchblutete Muskulatur (Zwerchfell-, Schenkel-, Zwischenrippen-, Zungen- und Augenmuskulatur), wo sie eingekapselt werden und so mehrere Jahre am Leben und damit infektiös bleiben können.

Gefahr durch Rohprodukte

Menschen können sich mit trichinösen Rohwürsten oder Rohschinken sowie mit nicht genügend gekochtem oder durchgebratenem Wildbret von Schwarzwild oder mit Schweinefleisch infizieren. In Frankreich ereignete sich vor wenigen Jahren ein Ausbruch, der von Pferdefleisch ausging und bei dem über 400 Personen erkrankten. Ein Ausbruch im Jahr 1977 in Bayern, bei dem 69 Personen erkrankten, ging von rohen Wildschweinwürsten aus. Durch die jahrzehntelange gesetzliche Verpflichtung zur Trichinenuntersuchung von Haus- und Wildschweinen und weiteren möglichen Trichinenträgern treten in Mitteleuropa Trichinellosefälle beim Menschen nunmehr selten auf. Zwischen 1919 und 1930 gab es in Österreich insgesamt noch 53 Humanfälle, wovon 7 tödlich endeten. Von 1986 bis 1993 wurden 18 österreichische Fälle beim Menschen diagnostiziert, die aber alle im Zusammenhang mit Auslandsaufenthalten stehen dürften. Auch bei Füchsen und Wildschweinen kommt die Trichinellose in Österreich relativ selten vor. In Europa ist aber derzeit ein Ansteigen der Verbreitung von Trichinen bei Schwarzwild und Fuchs zu verzeichnen, womit auch das Risiko für den Menschen steigt.

Bei Wildschweinen sowie bei Fuchs, Dachs oder Nutria – falls diese verzehrt werden sollen – ist immer eine Trichinenuntersuchung zu veranlassen. Bei Trichinenbefall ist der gesamte Tierkörper genussuntauglich.

Untersuchung von Wildfleisch

Mit der Vereinheitlichung des Hygienerechtes für Lebensmittel [EU-Verordnungen 178/2002, 852/2004, 853/2004 und 854/2004] ergaben sich wesentliche Änderungen im Hinblick auf die Untersuchung von Wildbret. So wurde die Organbeurteilung erweitert, die Verantwortung des Jägers erhöht sowie die Direktvermarktung neu geregelt und „besonders geschulte Hilfskräfte“ werden nun „kundige Personen“ genannt. Grundtenor des „Hygienepaketes“ ist das Abweichen von starren Normen, dafür aber eine Steigerung der Verantwortung jedes Lebensmittelunternehmers und ein hohes Schutzniveau für den Verbraucher durch die Sicherung der Lebensmittel von der Primärproduktion bis zur Abgabe an den Verbraucher. Jäger, selbst wenn sie kein Wild direkt vermarkten, sondern an einen Wildhändler abgeben oder nur verschenken, sind nun Lebensmittelunternehmer!
Auf allen Stufen der Lebensmittelerzeugung ist dann eine Rückverfolgbarkeit der Produkte (inklusive Dokumentation!) gefordert. Völlig unverständlich sind daher regionale jagdpolitische Tendenzen, welche eine Bescheinigung für erlegtes Wild („Wildbretanhänger“) oder die Schulung der Jäger für unnötig erachten.

Abgabe an den Sammelstellen bzw. Wildbearbeitungsbetriebe

Vor der Abgabe muss eine kundige Person den Wildkörper und alle Organe (außer Magen-Darmtrakt) auf Merkmale hin untersuchen, die darauf schließen lassen, dass das Fleisch gesundheitlich bedenklich sein könnte. Werden vor dem Erlegen keine Verhaltensstörungen beobachtet und bei der Untersuchung durch die kundige Person keine auffälligen Merkmale festgestellt, besteht weiters kein Verdacht auf eine Umweltkontamination und ist die Bescheinigung von Jäger und kundiger Person ausgefüllt, brauchen Haupt (Kopf) und Eingeweide dem Wildkörper nicht beigefügt zu werden (Ausnahme Trichinenuntersuchung: Kopf – außer Trophäen – und Zwerchfell müssen dem Wildkörper beigefügt werden). Wenn allerdings Auffälligkeiten festgestellt wurden, müssen der Kopf (ausgenommen Trophäen) und alle Eingeweide mit Ausnahme des Magen-Darmtraktes für die tierärztliche Fleischuntersuchung dem Tierkörper zuordenbar beigefügt werden.

In folgender Abbildung sind die durch besonders geschulte Hilfskräfte in der Steiermark erfassten Beanstandungsgründe für Reh-, Rot- und Gamswild aus dem Jagdjahr 2003/04 angeführt. „Deutliche Abmagerung" stellt nach dem Fleischuntersuchungsrecht einen absoluten Untauglichkeitsgrund dar.

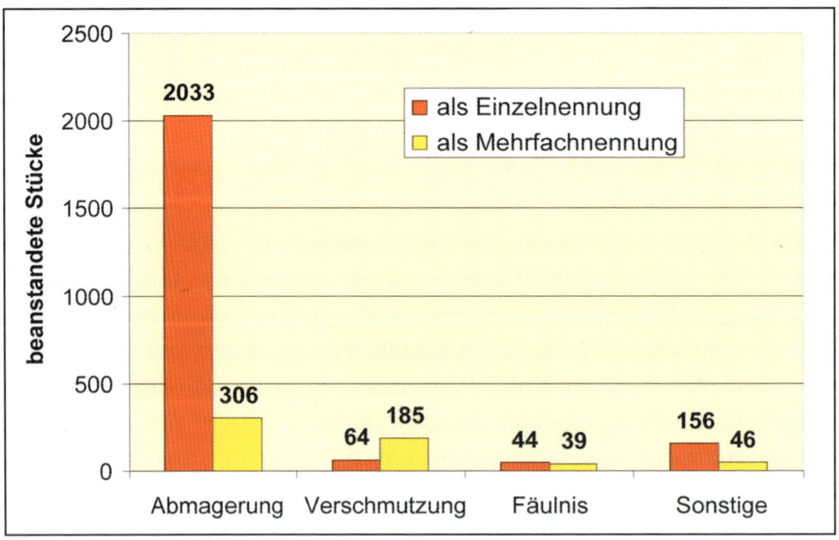

Beanstandetes Reh-, Rot- und Gamswild, Steiermark 2003/04

Bei Bedenken gegen das Fleisch muss die weitere Beurteilung durch einen Fleischuntersuchungstierarzt erfolgen oder der Verfügungsberechtigte kann sich auch entschließen, das Wildbret zu entsorgen (Tierkörperverwertung).

Da eine vollständige Aufzählung aller Merkmale, die Anlass zu Bedenken gegen die Verwendung des Fleisches als Lebensmittel ergeben (siehe Seite 40), nicht möglich ist, hat der Gesetzgeber festgelegt, dass derartige Bedenken auch bei sonstigen, erheblichen und auffälligen Veränderungen anzunehmen sind. Deshalb muss Wild, bei dem Zweifel über die Verwendbarkeit als Lebensmittel auftritt, immer dem amtlichen Tierarzt (Fleischuntersuchungstierarzt) zur Beurteilung vorgelegt werden.

Stücke **ohne Wildbretanhänger sind untauglich,** allein schon deshalb, weil ihre Herkunft nicht bekannt ist und weder über die Lebenduntersuchung noch über das Aufbrechen Bestätigungen für das Freisein von Auffälligkeiten vorliegen.

Direktvermarktung von Schalenwild im Ganzen

Werden Tierkörper von Großwild direkt vom Jäger frisch, nicht tiefgekühlt, nicht gehäutet und im Ganzen abgegeben, sind folgende Vorschriften einzuhalten:

Beim „so bald wie möglich" zu erfolgenden Aufbrechen müssen insbesondere Vorkehrungen getroffen werden, die das Auslaufen von Magen- und Darminhalt während des Aufbrechens verhindern. Dabei hat der Jäger auf Merkmale zu achten, die darauf schließen lassen, dass das Fleisch gesundheitlich bedenklich sein könnte. Eine kundige Person muss den Wildkörper und alle ausgenommenen Eingeweide (außer Magen und Darm) auf Merkmale hin untersuchen, die darauf schließen lassen, dass das Fleisch gesundheitlich bedenklich sein könnte. Werden bei der Untersuchung keine auffälligen Merkmale festgestellt, wurden vor dem Erlegen keine Verhaltensstörungen beobachtet und besteht kein Verdacht auf Umweltkontamination, so muss die kundige Person den Wildbretanhänger (Seite 2) fertig ausfüllen und am Wildkörper befestigen.

Werden bei der Untersuchung von der kundigen Person jedoch abweichende Merkmale festgestellt, so muss die kundige Person dem zuständigen amtlichen Tierarzt mitteilen, welche auffälligen Merkmale, welche Verhaltensstörungen oder welcher Verdacht auf Umweltkontamination sie bewogen hatte, keine Bescheinigung auszustellen, sofern der Tierkörper nicht unschädlich beseitigt wird. Steht keine kundige Person zur Verfügung, muss die Untersuchung von einem amtlichen Tierarzt durchgeführt werden. Alle für Trichinose anfälligen Arten sind immer einer Trichinenuntersuchung zu unterziehen.

Die Wildkörper müssen nach dem Erlegen innerhalb einer angemessenen Zeitspanne auf nicht mehr als +7 °C abgekühlt werden, zum menschlichen Verzehr vorgesehene Eingeweide auf nicht mehr als +3 °C, wobei eine aktive Kühlung nicht erforderlich ist, wenn es die klimatischen Verhältnisse erlauben. Tierkörper dürfen nicht übereinander liegend gelagert oder so transportiert werden, dass sie hygienisch beeinträchtigt werden. Die Vermarktung hat längstens binnen 7 Tagen nach dem Erlegen zu erfolgen.

Direktvermarktung von zerlegtem Wild und Wildfleisch

Zusätzlich zu den o.a. Vorschriften für die Direktvermarktung muss das weitere Zurichten ohne „ungebührliche Verzögerung" so vorgenommen werden, dass jede Verunreinigung des Fleisches vermieden wird. Wildfleisch ist unter Berücksichtigung der Transportdauer, -mittel und -bedingungen so zu befördern, dass die vorgeschriebenen Temperaturen des Fleisches (+7 °C) nicht überschritten werden. Bei der Abgabe ist das Fleisch in geeigneter Weise mit dem Hinweis „Wildbret aus Direktvermarktung" unter Nennung des Jagdgebietes zu kennzeichnen.

Die fachgerechte und hygienische Behandlung des Lebensmittels Wildbret durch den Jäger ist nicht zuletzt auch ein positives Aushängeschild für die Jagd. Verfehlungen schaden nicht nur dem Image des Wildbrets, sondern auch jenem der Jäger.

Folgende wesentliche Änderungen haben sich ab dem Jahr 2006 gegenüber der Wildfleischverordnung 1994 ergeben:

- Die Vorschriften für die Direktvermarktung gelten nun für jede Abgabe von Wild, die Abgabe direkt an den Konsumenten, die bisher von der Wildfleischverordnung ausgenommen war, fällt nun auch darunter (Seite 2 des Wildbretanhängers ist durch kundige Person auszufüllen).
- Es ist nun auch die Abgabe von zerlegtem Wildfleisch unter den genannten Bedingungen möglich, bisher durften nur ganze Wildkörper abgegeben werden.
- Die Lagerdauer von bis zu 15 Tagen (bei -1 ° bis +1 °C) ist nun nicht mehr möglich, die Vermarktung hat binnen 7 Tagen (Lagerung bis +7 °C) zu erfolgen.
- Es wurde eine Bestimmung eingeführt, die besagt, dass Behälter, Transportkisten, Werkzeuge und dgl. bei der Verwendung sauber sein müssen und nach der Verwendung entsprechend zu reinigen und zu desinfizieren sind. Damit wird die Verantwortung des Jägers im Umgang und beim Inverkehrbringen des Lebensmittels Wildbret gesteigert.

Durchführung der Fleischuntersuchung bei Farmwild

Definitionsgemäß werden unter „Farmwild" nach der Verordnung (EG) 852/2004 Strauße und Schalenwild verstanden, die in Gehegen nutztierähnlich gehalten werden. Kein Farmwild sind Wildhuftiere, die in freier Wildbahn oder in einem abgeschlossenen Gebiet in ähnlicher Freiheit wie Wild in freier Wildbahn leben (z.B. in Jagdgattern oder Wintergattern). Betriebe, die Farmwild „schlachten" und das Fleisch in Verkehr bringen, unterliegen dem Anhang III der Verordnung (EG) Nr. 853/2004 und müssen somit bei der zuständigen Behörde eine Zulassung beantragen. Die Fleischuntersuchung von Farmwild muss durch einen amtlichen Tierarzt erfolgen.

Die Untersuchung von Kleinwild (Niederwild)

Vor Abgabe von Kleinwild an einen Wildbearbeitungsbetrieb muss eine kundige Person so bald wie möglich nach dem Erlegen die Wildkörper auf bedenkliche Merkmale untersuchen, die darauf schließen lassen, dass das Fleisch gesundheitlich bedenklich sein könnte (Bestätigung auf „Begleitschein für Kleinwild"). Werden bei der Untersuchung auffällige Merkmale festgestellt, vor dem Erlegen Verhaltensstörungen beobachtet oder besteht ein Verdacht auf Umweltkontamination, so muss die kundige Person den zuständigen amtlichen Tierarzt (Fleischuntersuchungstierarzt) davon unterrichten.

Die Wildkörper müssen nach dem Erlegen auf nicht mehr als **+ 4 °C** abgekühlt werden. Kleinwild muss nach der Ankunft im Betrieb ohne ungerechtfertigte Verzögerung ausgeweidet werden.

Direktvermarktung von Niederwild

Für die direkten Abgaben von Niederwild durch den Jäger, frisch, nicht tiefgekühlt, nicht gehäutet oder gerupft und im Ganzen gelten nachfolgende nationale Vorschriften (Österreich):

- Eine kundige Person muss die Wildkörper auf Merkmale hin untersuchen, die darauf schließen lassen, dass das Fleisch gesundheitlich bedenklich sein könnte. Die Untersuchung muss so bald wie möglich nach dem Erlegen stattfinden. Eine Bescheinigung hierüber ist zwar gesetzlich nicht vorgeschrieben, wird jedoch ausdrücklich empfohlen. Steht keine kundige Person zur Verfügung, muss die Untersuchung von einem amtlichen Tierarzt durchgeführt werden.
- Werden bei dieser Untersuchung auffällige Merkmale (siehe Seite 40) festgestellt oder vor dem Erlegen Verhaltensstörungen beobachtet oder besteht ein Verdacht auf Umweltkontamination, so muss die kundige Person den zuständigen amtlichen Tierarzt davon unterrichten, sofern der Tierkörper nicht ohnedies unschädlich beseitigt wird.
- Die kundige Person hat über die durchgeführten Untersuchungen Aufzeichnungen zu führen.
- Die Wildkörper müssen nach dem Erlegen innerhalb einer angemessenen Zeitspanne auf nicht mehr als +4 °C abgekühlt werden. Soweit es die klimatischen Verhältnisse erlauben, ist eine aktive Kühlung nicht erforderlich. Magen und Gedärme müssen sobald wie möglich entfernt werden.
- Tierkörper dürfen nicht übereinander liegend gelagert oder so transportiert werden, dass sie hygienisch beeinträchtigt werden.
- Die Vermarktung hat binnen 7 Tagen nach dem Erlegen zu erfolgen.

Merkblatt Wildschweinepest

Aufgrund des gehäuften Auftretens der Klassischen Schweinepest bei Wildschweinen in Europa erscheint eine Überwachung des heimischen Wildschweinebestandes hinsichtlich dieser Seuche als notwendig. Dies sollte nicht nur dem Schutz des Schwarzwildes dienen, sondern auch ein Übergreifen der Schweinepest auf die landwirtschaftliche Schweinehaltung und die daraus resultierenden wirtschaftlichen Schäden verhindern.

Wissenswertes über die Klassische Schweinepest

Die Klassische Schweinepest ist eine gefürchtete Seuche der Haus- und Wildschweine, die hohe Ausfälle fordert und dadurch schwere wirtschaftliche Schäden verursacht. Der Erreger dieser anzeigepflichtigen Erkrankung ist ein Virus, andere Tierarten und Menschen sind dadurch nicht gefährdet. Menschen können aber nach Kontakt mit infektiösem Material die Seuche weiterverbreiten.

Infektionsweg

Hauptsächlich erfolgt eine direkte Infektion durch den Kontakt mit befallenen Tieren, da diese bereits einen Tag nach der Ansteckung das Virus mit dem Speichel, Augen- und Nasensekret, später auch massiv mit Harn und Losung ausscheiden. Auch der indirekte Infektionsweg über infiziertes Futter (Fallwild, Aufbrüche, Schlachtabfälle, nicht erhitzte Speisereste und Abfälle von Rast- und Campingplätzen) spielt eine wesentliche Rolle.

Erkennen der Erkrankung

Das rechtzeitige Erkennen der Erkrankung ist von wesentlicher Bedeutung. Verdächtig sind vermehrte Todesfälle bei Frischlingen und Überläufern, verminderter Fluchtreflex, Lähmungen, Muskelzittern, Taumeln sowie häufig aufgefundenes Erbrochenes und blutige Losung. Beim Aufbrechen der Tiere findet man mehr oder weniger stark auftretende punktförmige, stecknadelkopfgroße Blutungen in den Nieren, am Herz, in der Blase, auf dem Kehldeckel und im Darm. Häufig sind auch blutig marmorierte Lymphknoten zu finden, seltener zeigt die Milz spezifische Veränderungen. Akut erkrankte Tiere sind teilnahmslos, haben hohes Fieber und Durchfall, sie verenden meist innerhalb weniger Tage. Die chronische Verlaufsform der Schweinepest ist oft unauffällig, die Tiere verenden erst nach einigen Wochen. Verdächtig sind verminderte Fruchtbarkeit, geringe Wurfgrößen, lebensschwache Frischlinge und Kümmerer. Chronisch erkrankte Tiere sind Dauerausscheider, sie verbreiten die Seuche weiter, ohne selbst als Träger erkannt zu werden.

Vorbeugung

Besonders wichtig ist es, die Aufbrüche von Wildschweinen unschädlich zu entsorgen. Die beste Lösung ist, den Aufbruch in einem Plastiksack oder einer Plastikwanne mitzunehmen und über die Tierkörperverwertung unschädlich zu beseitigen. Wildschweine sollten nie mit (Schlacht-) Abfällen von Haus- oder Wildschweinen angekirrt werden, auch sollte man Füchse nicht mit solchen Abfällen ankirren (Luderplätze), wenn die Möglichkeit besteht, dass Wildschweine auch nur ausnahmsweise in diesem Gebiet vorkommen. Eine begleitende Vorbeugemaßnahme ist, die Schwarzwildpopulation durch vermehrte Bejagung auszudünnen.

Bekämpfung

Die Klassische Schweinepest ist eine anzeigepflichtige Seuche. Bereits bei einem Verdacht auf diese Erkrankung ist sofort der zuständige Amtstierarzt zu verständigen, um im Ernstfall rechtzeitig mit der Bekämpfung beginnen zu können. Bestätigt sich der Seuchenverdacht, so sind in diesem Gebiet Wildschweine und hier vor allem Frischlinge vermehrt zu bejagen. Proben aller erlegten oder verendeten Tiere sind zur Untersuchung einzusenden und die Tierkörper unschädlich zu beseitigen.

Arzneimitteleinsatz bei Wildtieren

Der „Arzneimittelskandal", die BSE-Krise sowie einige weitere Schlagzeilen um Lebensmittel tierischer Herkunft haben in den letzten Jahren die Konsumenten verunsichert. Der Einsatz von Arzneimitteln bei freilebenden Wildtieren ist in Österreich seit Anfang 2003 verboten. Damit dürften in Wildbret von Wild aus freier Wildbahn auch keine Arzneimittel-Rückstände auftreten.

Neben den rein veterinärmedizinischen Aspekten zur Behandlung von Wildtieren sind in diesem Zusammenhang auch ethische und ökologische Fragen zu beantworten, wie weit der Mensch in Wildtierbestände eingreifen soll und wie lange „Wild" noch „wild" ist. Das positive Image des natürlich erzeugten Lebensmittels „Wildfleisch" darf keinesfalls durch Aktivitäten einiger „Wildtiertherapeuten" aufs Spiel gesetzt werden.

Verbot des Arzneimitteleinsatzes bei Wildtieren

Eine Behandlung von freilebenden Wildtieren mit Arzneimitteln kommt deshalb nicht in Betracht, da kein Tierhalter zur Verfügung steht, der sicherstellt, dass die behandelten Tiere entsprechend gekennzeichnet sind und dass solche Tiere nur nach Einhaltung einer allenfalls erforderlichen Wartezeit in Verkehr und somit in die menschliche Nahrungskette gelangen.

Somit ist die Anwendung von Arzneimitteln bei freilebenden Wildtieren verboten.
Erlaubt ist die Arzneimittelanwendung in landwirtschaftlichen Wildgehegen, Wildparks und Jagdgattern, wo einerseits die Tierhaltereigenschaft des Betreibers in vollem Umfang gegeben ist, über Behandlungen Aufzeichnungen geführt werden, behandelte Tiere markiert werden können und ein Auskommen einzelner Tiere ausgeschlossen ist.

Rückstände im Fleisch

Bei lebensmittelliefernden Tieren sind Arzneimittelrückstände auch nach der gesetzlich vorgeschriebenen Wartezeit (Zeit von der letzten Verabreichung eines Arzneimittels bis zum Erlegen/Schlachten) zu befürchten, wenn es zu Überdosierungen (bei der Anwendung von Arzneimitteln bei Wildtieren relativ leicht möglich) oder zu Verschleppungen (Reste im Futtertrog) kommt. Vor allem sind Rückstände bei Hegeabschüssen bzw. „Schonzeitabschüssen" in Revieren, in denen entwurmt wurde, möglich, aber auch bei Abschüssen von Tieren aus Nachbarrevieren, in denen Arzneimittel eingesetzt wurden.

Untersuchungen von Wildfleisch auf Rückstände werden nach dem Stichprobenplan des Ministeriums für Gesundheit und Frauen durchgeführt. So wurden beispielsweise im Jahr 2003 in der Steiermark Proben von 44 Stück Zuchtwild auf Rückstände von bestimmten Hormonen (Stilbene, Thyreostatika, Trenbolon, Zeranol), Beta-Agonisten, Chloramphenicol, Hemmstoffe, Sulfonamide, Antiparasitika, Kokzidiostatika, Carbamate, Pyrethroide, NSAIDs sowie Blei und Cadmium untersucht. Proben von 23 Stück Wild aus freier Wildbahn gelangten zur Untersuchung auf Blei, Cadmium und Quecksilber. In den letzten Jahren traten im Untersuchungsgebiet keine positiven Befunde auf.

VERWENDETE UND WEITERFÜHRENDE LITERATUR

AID – Auswertungs- und Informationsdienst für Ernährung, Landwirtschaft und Forsten (1998): Lebensmittelhygiene – über den sachgerechten Umgang mit Lebensmitteln und deren Haltbarkeit, Nr. 1360, Bonn.

ACHA, P.N., SZYFRES, B. (1987): Zoonoses and Communicable Diseases Common to Man and Animals. Pan American Health Organisation, Washington.

ALTEMEIER, J., SIEBERT, H., ATANASSOVA, V., RING, C. (1998): Wildbret von freilebenden und von im Gatter gehaltenen Wildschweinen (Sus scrofa scrofa L.) – ein Vergleich ausgewählter Parameter. Ber. 39. DVG-Tagung des Arbeitskreises „Lebensmittelhygiene", 22.–25.9., Garmisch-Partenkirchen.

AUER, H., ASPÖCK, H. (1994): Helminthozoonosen in Mitteleuropa – Eine Übersicht der Epidemiologie, Diagnostik und Therapie am Beispiel der Situation in Österreich. Mitt. Österr. Ges. Tropenmed. Parasitol. 16, 17–42.

BACKHUS, R. (2000): Hygienestatus frisch erlegter Fasanen (Phasianus colchicus, Ph. torquatus, Ph. mongolicus, Ph. versicolor) aus verschiedenen Revieren in Deutschland. Diss., Tierärztl. Hochsch., Hannover.

BANDICK, N., RING, C. (1996): Wildbret als Nahrungsmittel. Fleischwirtschaft 76, 888–896.

BECKER, W., MENK, W. (1992): Zoonosen-Fiebel. H. Hoffmann Verlag, Berlin.

BERT, F. (2000): Transport und Kühlung des Fleisches von erlegtem Haar- und Federwild. Amtstierärztl. Dienst u. Lebensmittelkontr. 7, 22–27.

BERT, F. (1999): Erlegtes Haar- und Federwild: Wildbretgewinnung und -hygiene unter dem Fleischhygiene- und Geflügelfleischhygienerecht. Dtsch. Jagdschutz-Verband, 7. Aufl., Bonn.

BERT, F. (1996): Grundsätze der Wildbrethygiene. Amtstierärztl. Dienst u. Lebensmittelkontr. 6, 210–216.

BERT, F., HADLOK, R.M. (1989): Gesetzliche Grundlagen und praktische Durchführung der Schlachttier- und Fleischuntersuchung bei Haarwild. Tierärztl. Praxis 17, 127–132.

BINKE, R. (2005): Vom Muskel zum Fleisch. Rundschau für Fleischhygiene und Lebensmittelüberwachung (2), 27–31.

BRANSCHEID, W. (1994): Qualitätskriterien und -einflußfaktoren in der Wildfleischerzeugung. 2. Europäische Fachtagung zur landwirtschaftlichen Wildhaltung, 29. 9. – 1. 10., Bundesverband f. landwirtschaftl. Wildhaltung, Bonn, 141–159.

BRODOWSKI, G. (1997): Untersuchungen zur Qualität von Wildbret unter Berücksichtigung von Körperentwicklung, Wildverhalten, Schußgüte und Jagdart: eine Studie an Dam-, Reh-, Schwarz- und Rotwild aus der östlichen Region Sachsen-Anhalts. Diss., Freie Univ., Berlin.

BRODOWSKI, G., BEUTLING, D. (1998): Der Einfluß exogener Faktoren auf die Wildbretqualität von Dam-, Reh- und Schwarzwild. Fleischwirtschaft 78, 1298–1300.

BVA CONGRESS (1999): TB in cattle and badgers: more than a question of science. Vet. Rec. 145, 443–444.

DECKELMANN, W. (1994): Fleischhygienemaßnahmen bei Gehegewild und erlegtem Wild. Rundschau für Fleischhygiene und Lebensmittelüberwachung 44, 223–225.

DEDEK, J., STEINECK, T. (1995): Wildhygiene. Gustav Fischer Verlag, Jena.

DEDIE, K., BOCKEMÜHL, J., KÜHN, H., VOLKMER, K.-J., WEINKE, T. (1993): Bakterielle Zoonosen bei Tier und Mensch. Enke Verlag, Stuttgart.

DEUTZ, A. (2004): Verzichtbarkeit des Medikamenteneinsatzes in der Schalenwildhege. Ber. 10. Österr. Jägertagung „Ernährung des Rot-, Reh- und Gamswildes, 16.-17. Feber, Aigen im Ennstal, S. 23–28.

DEUTZ, A. (2004): Was bleibt nach dem Zerwirken?. Der Anblick 12/04, 30–31.

DEUTZ, A. (2004): Niederwild hygienisch versorgen. Der Anblick 11/04, 18–11.

DEUTZ, A. (2004): Unfallwild – ein Lebensmittel?. Der Anblick 7/04, 20–21.

DEUTZ, A., BRINCKMANN, J., FUCHS, K., ARNOLD, W., SMULDERS, F. J. M., DEUTZ, U., KÖFER, J. (2003): Beurteilungshilfe zur optisch/hygienischen Klassifizierung von Reh-, Rot- und Gamswild nach der Wildfleischverordnung. Ber. 44. DVG-Arbeitstagung - Lebensmittelhygiene, vom 29. September bis 2. Oktober, Garmisch-Partenkirchen, S. 638–643.

DEUTZ, A., FUCHS, K., PLESS, P., DEUTZ-PIEBER, U., KÖFER, J. (2000): Hygienerisiken bei Wildfleisch – Oberflächenkeimgehalte und humanpathogene Keimen. Fleischwirtschaft 80, Heft 12, 106–108.

DEUTZ, A. (2000): Die 10 Gebote der Wildbretqualität. Ber. Tagung „Wildbretvermarktung und Wildfleischqualität", 15. und 16. Februar, Aigen i. Ennstal, S. 9–14.

DEUTZ, A. (2000): Rasches Handeln steigert die Wildbretqualität. Der Anblick 5/00, 16–17.

DEUTZ, A., FUCHS, K., PLESS, P., DEUTZ-PIEBER, U., KÖFER, J. (2000): Hygienerisiken bei der Gewinnung von Wildfleisch. Ber. Symposium „Fisch und Wild – Lebewesen und Lebensmittel", 2. und 3. März, Veterinärmed. Univ. Wien, S. 60–68.

DEUTZ, A. (1999): Aufbrechen bestimmt Wildbretqualität. Der Anblick 5/99, 16–18.

DEUTZ, A. (1999): Wildkammern und Sammelstellen. Der Anblick 3/99, 16–17.

DEUTZ, A. (1999): Heimische Wildtiere als Träger von Zoonosen. ÖGT aktuell, 5/99, 5–8.

DEUTZ, A., PLESS, P., KÖFER, J. (1999): Beitrag zur lebensmittelhygienischen Unbedenklichkeit von Kleinwild. 40. DVG-Arbeitstagung - Lebensmittelhygiene, vom 29. September bis 1. Oktober, Garmisch-Partenkirchen, S. 351–355.

DEUTZ, A., HINTERDORFER, F. (1999): Untersuchungen zu Krankheiten des Feldhasen – Sektionsbefunde, Erregerspektrum, Zoonosen. Verh.ber. 39. Internationales Symposium über Erkrankungen der Zoo- und Wildtiere, 12. – 16. Mai, Wien, S. 445.

DEUTZ, A., KÖFER, J. (1999): Schwein und Wildschwein als Träger von Zoonosen. Berl. Münch. Tierärztl. Wschr. 112, 305–310.

DEUTZ, A. (1998): Der Fuchs als Quelle von Zonosen?! – Eine Übersicht. Ber. 1. Mitteleurop. Kolloquium, 26. September, Salzburg, S. 1–4.

DEUTZ, A., HOFFELNER, K. (1998): Ungeklärtes Entensterben. Der Anblick 12/98, 10.

DEUTZ, A. (1997): Lebensmittel Wildbret. Der Anblick 51, Heft 12, 12–14.

DEUTZ, A., HINTERDORFER, F. (1997): Dermatophilose bei Rind, Pferd und Gemse – Epidemiologie, Diagnostik, Therapie und zoonotische Aspekte. Wien. Tierärztl. Mschr. 84, 97–101.

FEHLHABER, K. (1999): Stress – mikrobielle Folgen bei Schlachtschweinen und antimikrobielle Aktivität von Schweinefleisch. Ber. Symposium „Angewandte Qualitätssicherung in der Fleischerzeugung", 25. Februar, Graz, S. 51–62.

FREUDENREICH, P. (2000): Chemische Zusammensetzung des Wildbrets. Ber. Symposium „Fisch und Wild – Lebewesen und Lebensmittel" 2. und 3. März, VMU Wien, S. 49–59.

GEISEL, O. (1995): Wildkrankheiten erkennen und beurteilen. BLV, München.

GIESE, C. (1988): Wildtiere in Aberglauben und Volksmedizin. Vet 1, 49–53.

GLAWISCHNIG, W., KHASCHABI, D., SCHÖPF, K., SCHÖNBAUER, M. (2000): Ein seuchenhafter Ausbruch von Salmonella enterica Serovar Dublin bei Gemsen (Rupicapra rupicapra). Wien. Tierärztl. Mschr. 87, 21–25.

GRUBER, A. (2000): Wildbret – ein Beitrag für gesunde Ernährung? Ber. Tagung „Wildbretvermarktung und Wildfleischqualität", 15. und 16. Februar, Aigen i. Ennstal, S.43–45.

HADLOCK, R., BERT, F. (1993): Erlegtes Haarwild: Wildbretgewinnung unter Berücksichtigung fleischhygienerechtlicher Vorschriften. Broschüre des Deutschen Jagdschutz-Verbandes, 4. Aufl., Verlag D. Hoffmann, Mainz

HAIDER, W. (2000): Zeitliches Wildbretangebot sowie Wildbretqualität. Ber. Tagung „Wildbretvermarktung und Wildfleischqualität", 15. und 16. Februar, Aigen i. Ennstal, 31–32.

HASEDER, I., STIGLWAGNER, G. (1984): Knaurs Großes Jagdlexikon. Verlag Droemer Knaur, S. 828.

HECHT, H. (2000): Auswirkungen der Geschosswahl auf die Bleibelastung des Wildbrets. Ber. Tagung „Wildbretvermarktung und Wildfleischqualität", 15. und 16. Februar, Aigen i. Ennstal, 19–22.

HEESCHEN, W., MEYER, H., ZSCHALER, R. (2000): Handbuch Lebensmittelhygiene. Behr´s Verlag, Hamburg.

HEIDRICH, J., NÖCKLER, K., SCHULZE, C., SCHEER, W. (2002): Fallbeschreibung einer manifesten Trichinella spiralis-Infektion beim Wildschwein in Frankfurt (Oder)/Brandenburg. Amtstierärztl. Dienst 9, 141–142.

HÖFLECHNER-PÖLTL, A. (1999): Epidemiologische Untersuchungen zur Tularämie und Brucellose bei Füchsen (Vulpes vulpes) und Feldhasen (Lepus europaeus) in Österreich. Diss., Vet. med. Univ., Wien.

HOFBAUER, P., PAULSEN, P., WINKELMAYER, R. (2004): Wildfleisch-Qualität: Der Vergleich macht sicher! Weidwerk 9/04, 14–16.

KAINZ, R. (2005): Neue Hygienevorschriften für Fisch und Wild auf europäischer Ebene. Seminar Lebensmittel tierischer Herkunft, Teil 2, „Fisch und Wild als Lebensmittel", 21. und 22. Februar, Universität Wien, S. 4–18.
KAINZ, R. (2000): Lebensmittelrechtliche und -hygienische Regelungen für Fisch, Fischprodukte, Wild und Wildprodukte. Ber. Symposium „Fisch und Wild – Lebewesen und Lebensmittel", 2. und 3. März, VMU Wien, S.105–117.
KAPPELHOFF, W. (1999): Wildbrethygiene in der jagdlichen Praxis. Amtstierärztl. Dienst u. Lebensmittelkontr. 6, 272-276.
KNIEWALLNER, K. (1969): Über den Keimgehalt von handelsüblichem Wildfleisch. Arch. Lebensmittelhyg. 20, 3, 64-65.
KOZUMPLIK, B. (2002): Evaluierung des Hygiene-Status in einem EU-zugelassenen Wildverarbeitungsbetrieb. Diss., Univ. München.
KRAUSS, H., WEBER, A., ENDERS, B., SCHIEFER, H.G., SLENCZKA, W., ZAHNER, H. (1997): Zoonosen – Von Tier zu Mensch übertragbare Infektionskrankheiten. Deutscher Ärzte-Verlag, Köln.
KRUG, W. (1998): Das Töten von Wild. Amtstierärztlicher Dienst und Lebensmittelkontrolle 5, 238–241.
KÜHNLEIN, C. (1993): Zur Beurteilung der Fleischqualität von Schalenwild unter Berücksichtigung von Wildbrethygiene und jagdlichen Gegebenheiten im Hinblick auf die Erstellung von Richtwerten für die amtliche Fleischuntersuchung. Diss., Univ. München.
KUJAWSKY, O.E.J. (2003): Aus dem Revier in die Küche (3) – Wild und Hund Exklusiv. Paul Parey Zeitschriftenverlag, Singhofen.
KUJAWSKY, O.E.J. (2003): Wie lange soll Wildbret abhängen? Anfragebeantwortung in DER ANBLICK (http://www.anblick.at/fragen.html).
KUJAWSKY, O.E.J. (1999): Wildbretverkauf – Wiegen, rechnen, fair verkaufen. Wild u. Hund, Heft 14, 40–42.
KUJAWSKY, O.E.J. (1994): Das große Buch vom Wild – Warenkunde, Küchenpraxis von Haar- und Federwild. 3. Aufl., Verlag Teubner Edition, Füssen.
LEHMKÜHLER, G. (1996): Fleischhygienische Untersuchungen an frisch erlegtem Rehwild. Diss., Tierärztl. Hochsch., Hannover.
LENZE, W. (1979): Fleischhygienische Untersuchungen an Rehwild (Einfluß von Gesundheitszustand, Herkunft, Erlegungs- und Versorgungsmodalitäten auf Keimgehalt und pH-Wert). Dissertation, LMU München.
LINDNER, K. (1976): Das Jagdbuch des Martin Strasser von Kollnitz. 3. Band, Verlag des Kärntner Landesarchivs.
MATZKE, P. (1999): Wildbretbehandlung und -verwertung. In: BOGNER, H. (Hrsg.): Damwild und Rotwild in landwirtschaftlichen Gehegen, Parey Buchverlag Berlin, S. 151–168.
MILDNER, B. (2002) Risikoabschätzung und Verbraucherschutz – Wildbret von jagdlich erlegten Fasanen (Phasianus colchicus) bei Verwendung von Blei- und alternativen Schroten. Diss., Univ. München.
NOWOTNY, F., HASITSCHKA, P. (1976): Ein Salmonellafund beim Rehwild. Wien. Tierärztl. Mschr. 63, 231–232.
PAULSEN, P. (2005): Qualitätsaspekte bei Wildfleisch und Wildfleischprodukten. Seminar Lebensmittel tierischer Herkunft, Teil 2, „Fisch und Wild als Lebensmittel, 21. und 22. Februar, Universität Wien, S. 50–56.
PAULSEN, P., WINKELMAYER, R. (2004): Wildfleisch – ein Qualitätsprodukt. Weidwerk (8), 8–10.
POSPISIL, E. (2000): Kompaß Cholesterin. Gräfe u. Unzer, München, S. 50–51.
PRODINGER, W., EIGENTLER, A., GLAWISCHNIG, W., NIEMANN, S., PAVLIC, M., SCHÖNBAUER, M. (2000): Auftreten von Mycobacterium bovis in Tirol 1999. Ber. 27. Jahrestagung der Österr. Ges. f. Hyg., Mikrobiol. und Präventivmed., 23.–25.5. Goldegg, S. 14.
PROSSINAGG, H. (2000): Magie, Aberglauben und Wildbretkonsum – 2000 Jahre Jagd im Ostalpenraum. Der Anblick, Heft 4, 38–42.
RIEMER, R., REUTER, G. (1979): Untersuchungen über die Notwendigkeit und Durchführbarkeit einer Wildfleischuntersuchung bei im Inland erlegtem Rot- und Rehwild – zugleich eine Erhebung über die substantielle Beschaffenheit und die Mikroflora von frischem Rotwild. Fleischwirtschaft 59, 857–864.
RING, C., HÄUSLE, R., STÖPPLER, H. (1988): Zum Hygienestatus von Rehwild. Arch. Lebensmittelhyg. 39, 40–43.
RING, C., ATANASSOVA, V. (1998): Vorkommen von Campylobacter spp. im Rahmen der Geflügelfleischgewinnung. In: Forschung fürs Leben, Tiho Hannover 1997/98, S. 14–16.
SCHAWALDER, F.-J. (2004): Wildbretreifung. Schweizer Jäger, 12/04, 34–35.
SCHAWALDER, F.-J. (2004): Aus der Decke schlagen und Zerwirken. Schweizer Jäger, 11/04, 34–35.
SCHIEFER, G. (1996): Mikrobiologie des Wildes. In: WEBER, H. (Hrsg.): Mikrobiologie der Lebensmittel. Behr´s Verlag, Hamburg, S. 527–549.
SCHITENKO, P. (1973): Das Fleisch des Rehwildes – Jagd und Jagdwirtschaft, Moskau 4, 22.
SCHWARK, H.J., NENTWICH, K. (1994): Beschaffenheit des Wildbretes – ein Kriterium zur Beurteilung weidgerechter Jagdausübung. Beiträge zur Jagd- und Wildforschung, Bd. 19, Deutscher Landwirtschaftverlag, Berlin.
SINELL, H.J. (1992): Einführung in die Lebensmittelhygiene. 3. Aufl., Verlag Paul Parey, Berlin-Hamburg.
SLOWAK, M. (1986): Ein Beitrag zur Wildbrethygiene von Reh-, Schwarz- und Damwild. Diss., Vet.med. Univ., Wien.
STEINECK, T., HOFER, E. (1999): Zum Vorkommen der Tularämie in Österreich. Verhandlungsber. 39. Internat. Symp. Erkr. Zoo- u. Wildtiere, 12. – 16. Mai, Wien, S. 263–269.
STÖPPLER, H., HÄUSLE, R., RING, Ch. (1986): Hygienestatus von Rehwildbret im nordöstlichen Landkresi Ravensburg. Ber. 27. DVG-Arbeitstagung Lebensmittelhygiene, Garmisch-Partenkirchen, S. 144–148.
STOLLE, A., MARX, H., KÜHNLEIN, C. (1995): Zur Beurteilung der Fleischqualität bei Schalenwild. J. Vet. Med B 42, 345–354.
STUBBE, C., PASSARGE, H. (1979): Rehwild. Verlag J. Neumann-Neudamm.
TATARUCH, F. (2000): Wild und Umweltschadstoffe. Ber. Symposium „Fisch und Wild - Lebewesen und Lebensmittel", 2. und 3. März, VMU Wien, S. 31–39.
VALENCAK, T, RUF, T. (2004): „Gesundes" Fett im Wildfleisch. Weidwerk 12/04, 12–13.
WEBER, A. (1994): Wild als Überträger von Zoonosen. In: Wildhygiene, Hrsg. Dedek, J. u. Steineck, T., Gustav Fischer Verlag, Jena–Stuttgart, S. 137–173.
WEBER, A., WEIDT, H. (1986): Nachweis von Yersinia pseudotuberculosis in Faecesproben von erlegten Feldhasen (Lepus europaeus). Der prakt. Tierarzt 67, 973–974.
WAGNER, K.-H. (2005): Ernährungsphysiologische Bedeutung von Fisch und Wild. Seminar Lebensmittel tierischer Herkunft, Teil 2, „Fisch und Wild als Lebensmittel, 21. und 22. Februar, Universität Wien, S. 1–3.
WALTER, S., WINKELMAYER, R., BAUER, F., HORBAUER, P., SMULDERS, F. J. M., PAULSEN, P. (2004): Zur substantiellen Zusammensetzung von Fleisch mitteleuropäischer Wildtiere. Ernährung/nutrition 28, Nr. 3, 110–117.
WINKELMAYER, R., LEBERSORGER, P., ZEDKA, H.-F. (2004): Wildbret-Hygiene – Das Buch zur Wildfleisch-Verordnung. Zentralstelle der Österr. Landesjagdverbände, Wien.
WINKELMAYER, R. (2000): Wildfleischhygiene Rotwild – Rehwild – Damwild. Zentralstelle der Österr. Landesjagdverbände, Wien.
WINKELMAYER, R., CENKER, C., ZEDKA, H.-F. (1996): Wildfleisch-Verordnung – Ausbildungsbuch. Zentralstelle der Österr. Landesjagdverbände, Wien.
WINKELMAYER, R., ZEDKA, H.-F. (1996b): Wildfleisch-Direktvermarktung. Zentralstelle der Österr. Landesjagdverbände, Wien.
WOLSKE, L. (2002): Neue Hygienevorschriften für Wildbret durch EU-Kommission. Amtstierärztl. Dienst u. Lebensmittelkontr. 9, 22–25.
WÜSTE, T. (1998): Aktualität der Trichinenuntersuchung – erneuter Fund von Trichinen beim Wildschwein. Amtstierärztl. Dienst u. Lebensmittelkontr. 5, 154–156.

Ausgewählte Rechtsvorschriften

Europäische Rechtsvorschriften

Verordnung (EG) Nr. 178/2002 vom 28. Jänner 2002 („Hygiene-Basisverordnung");
Verordnung (EG) Nr. 852/2004 vom 29. April 2004 über Lebensmittelhygiene;
Verordnung (EG) Nr. 853/2004 vom 29. April 2004 über spezifische Hygienevorschriften für Lebensmittel tierischen Ursprungs;
Verordnung (EG) Nr. 854/2004 vom 29. April 2004 mit besonderen Verfahrensvorschriften für die amtliche Untersuchung von zum menschlichen Verzehr bestimmten Erzeugnissen tierischen Ursprungs.

Nationale Rechtsvorschriften, Österreich

Lebensmittelsicherheits- und Verbraucherschutzgesetz - LMSVG, BGBl. I Nr. 13/2006, i.d.g.F.;
Lebensmittel-Direktvermarktungsverordnung, BGBl. II Nr. 108/2006;
Fleischuntersuchungsverordnung 2006 - FlUVO, BGBl. II Nr. 109/2006, i.d.g.F.